大学生管理与实践创新研究

张莉莉　著

吉林出版集团股份有限公司

图书在版编目（CIP）数据

大学生管理与实践创新研究 / 张莉莉著. — 长春：
吉林出版集团股份有限公司, 2023.8
ISBN 978-7-5731-4166-8

Ⅰ. ①大… Ⅱ. ①张… Ⅲ. ①大学生－学校管理－研
究 Ⅳ. ①G647

中国国家版本馆 CIP 数据核字 (2023) 第 161212 号

大学生管理与实践创新研究

DAXUESHENG GUANLI YU SHIJIAN CHUANGXIN YANJIU

著　　者	张莉莉
责任编辑	曲珊珊
封面设计	牧野春晖
开　　本	710mm×1000mm　1/16
字　　数	205 千
印　　张	12
版　　次	2024 年 1 月第 1 版
印　　次	2024 年 1 月第 1 次印刷

出版发行　吉林出版集团股份有限公司
电　　话　总编办：010-63109269
　　　　　　发行部：010-63109269
印　　刷　北京银祥印刷有限公司

ISBN 978-7-5731-4166-8　　　　　　　　　　定价：78.00 元

前　言

　　高校大学生管理工作是高校管理工作的重要组成部分，以培养具有创新精神和实践能力的高级人才为培养目标。科学、规范的学生管理则是实现培养目标的重要保证。随着社会主义市场经济体制的逐步完善，高等教育事业的快速发展，大学生的思想观念日益复杂，大学生教育管理面临着十分严重的挑战。

　　在当今社会，大学生管理已经成为高等教育中不可或缺的一部分，对于提高大学生的综合素质和适应社会的发展具有重要意义。然而，当前大学生管理存在一些问题，需要我们深入探讨和解决。本书旨在为读者提供关于大学生管理与实践创新的深入探讨和实用建议，帮助大学生更好地发挥个人潜力，提高综合素质，适应社会的快速发展。

　　本书共分为六章：第一章主要介绍大学生管理的基本问题，包括大学生管理的科学内涵、指导思想、对象和任务等。第二章分析当前大学生管理现状及存在的问题，探讨优化当前高校大学生管理的主要路径。第三章研究高校大学生行为分析与群体管理，包括学习与交往、消费与网络、正式与生活、虚拟与流动等群体管理。第四章探讨大学生管理模式的多样化发展，包括人格化、社区化、宿舍管理和社会实践规范化管理等模式。第五章探讨大学生管理队伍存在的问题及建设路径，提出加强大学生管理队伍建设的途径。第六章研究时代背景下大学生管理工作的创新，包括"互联网＋"、大数据、"微时代"和大众化教育等背景下的创新研究。

　　本书主要有以下三个特点：

　　实用性强：本书结合实际案例，提供具体的操作方法和实用建议，让读者能够在实际操作中得到指导和帮助。

　　理论联系实际：本书不仅有理论分析，更有实践应用，将理论和实践相结合，让读者更好地理解和掌握大学生管理的技巧和创新思维的方法。

时代性：本书紧密结合当前时代背景，探讨大学生管理工作的创新，让读者能够及时了解和掌握时代发展的趋势和需求，为未来的工作和职业发展做好准备。

在本书的编写过程中，借鉴和参考了许多同行和专家研究成果，在此我们表示衷心的感谢。同时，由于时间和水平有限，本书中难免存在不足之处，敬请读者批评指正。

张莉莉

目 录

第一章　大学生管理基本问题的认识与分析 1

　　第一节　大学生管理的科学内涵 1

　　第二节　大学生管理的指导思想与原则 4

　　第三节　大学生管理的对象和任务 14

　　第四节　大学生管理的特点和作用 17

第二章　大学生管理现状及存在的问题 24

　　第一节　当前大学生管理现状分析 24

　　第二节　我国大学生管理存在的主要问题 28

　　第三节　优化当前高校大学生管理的主要路径 34

第三章　高校大学生行为分析与群体管理研究 44

　　第一节　高校大学生学习与交往行为管理 44

　　第二节　高校大学生消费与网络行为管理 55

　　第三节　高校大学生正式与生活群体管理 61

　　第四节　高校大学生虚拟与流动群体管理 70

第四章　大学生管理模式的多样化发展 79

　　第一节　高校学生人格化管理模式 79

　　第二节　高校学生社区化管理模式 81

　　第三节　高校学生宿舍管理模式 94

　　第四节　高校学生社会实践规范化管理模式 104

第五章　大学生管理队伍存在的问题及建设路径 120

第一节　大学生管理队伍概述 120

第二节　大学生管理队伍存在的问题 130

第三节　加强大学生管理队伍建设的途径 135

第六章　时代背景下大学生管理工作的创新 149

第一节　"互联网＋"时代大学生管理工作创新研究 149

第二节　大数据时代大学生管理工作创新研究 163

第三节　"微时代"背景下学生管理工作创新研究 170

第四节　教育大众化背景下学生管理工作创新研究 173

参考文献 185

第一章　大学生管理基本问题的认识与分析

近年来，大学生管理研究已经成为国内外高等教育领域研究的热点问题一。自 20 世纪 70 年代，美国率先提出"学生发展"理论并开始进行高校学生务管理专业化研究以来，伴随大学生管理工作实践的发展变化，世界各国就学生管理这一领域进行了深入探索。我国开始这方面的研究是在改革开放后，并随着社会与高等教育变革逐渐走向深入。

第一节　大学生管理的科学内涵

大学生管理是高校为实现人才培养目标而面向大学生实施的特殊理活动，有其特定的内涵和重要价值。

一、大学生管理及其特点

（一）大学生管理的含义

管理，就其字面意义而言，就是管辖、处理的意思。由于管理的涉及面广，人们往往按照实际需要从特点角度来看待和谈论管理，因而形成了多种不同的解释。在管理学界，对管理有多种界定：有的从管理职能和过程的角度，认为管理是由计划、组织、指挥、协调和控制等职能为要素组成的过程；有的强调管理的协调作用，认为管理是在某一组织中，为完成目标而从事的对人与物质资源的协调活动；有的突出组织中的人际关系和人的行为，认为管理就是协调人际关系，激发人的积极性，以达到共同目标的一种活动；有的从决策在管理中的重要地位的角度出发，认为管理就是决策；有的从系统论的角度出发，认为管理就是根据一个系统所固有的客观规律，施加影响于这个系统，从而使这个系统呈现一种新的状态的过程。这些不同的定义，从各个不同的角度揭示了管理活动的特性。

综合上述各种观点，我们可以对管理的概念作如下表述：管理是在一定的社会组织中，人们通过决策、计划、组织和控制，有效地利用人力、物力、财力、时间和信息等各种资源，以达到预定目标的一种社会活动过程。

（二）大学生管理的特点

大学生管理是高校管理的一个重要组成部分，也是高校人才培养工作的一个重要环节。因此，大学生管理既具有管理的一般特点，又有其自身的特定，具体来说主要表现在以下几点。

1. 组织依托的固定性

大学生管理是在高校这一特定的社会组织中进行的。任何管理活动总是在一定的社会组织中进行的。实际上，管理活动就根源于社会组织中协调组织成员的相互关系和个人活动的必要性。正如马克思所说："凡是有许多个人进行协作的劳动，过程的联系和统一都必然要表现在一个指挥的意志上，表现在各种与局部劳动无关而与工场全部活动有关的职能上，就像一个乐队要有一个指挥一样。"①高校是系统培养专门人才的社会组织，大学生的教育和培养是其首要的和基本的任务。大学生管理也就是高校为实现这一任务而进行的特殊的管理活动。

2. 管理目标的育人性

大学生管理的目的是培养人才，促进大学生的全面发展。管理总是有一定目的的，管理的目的就是要实现一定社会组织的某种预定目标。世界上既不存在无目标的管理，也不可能实现无管理的目标。大学生管理作为高校人才培养工作的一个重要环节，其目的就是要实现高校在人才培养方面的预定目标，促进大学生的全面发展，使之成为德智体全面发展、富有创新精神和实践能力的中国特色社会主义事业的建设者和接班人。

3. 管理性质的服务性

大学生管理的实质是要有效地利用学校的各种资源，为大学生的成长成才提供指导和服务。大学生管理的任务是要为大学生顺利完成学业、健康成长成才提供各个方面的指导和服务，包括对大学生行为和大学生群体的引导、为家庭经济困难学生提供的资助服务、为毕业生提供的就业服务等等。为此，就需要通过科学的决策、计划、组织和控制，有效地利用学

---

① 卡尔·马克思，弗里德里希·恩格斯. 马克思恩格斯选集（第 2 卷）[M]. 中国中央编译局，译. 北京：人民出版社，1995：510.

校的各种资源，包括人力、物力、财力、时间和信息等。

综上所述，所谓大学生管理，也就是指高校为实现人才培养目标，促进大学生全面发展，通过决策、计划、组织和控制，有效地利用各种资源，为大学生成长成才提供各种指导和服务的社会活动过程。

二、大学生管理工作面临的挑战

大学生管理是实现人才培养目标的重要内容，是推进素质教育的重要手段。学生管理既体现了高校的办学水平和办学理念，也为维护学校的稳定和谐起着重要作用。进入新世纪，随着社会形势及高等教育的不断发展，国家、社会对大学生的成长发展提出了更高的要求，大学生管理在教育大众化、管理行政化、教育滞后化等方面面临着新挑战，在思路理念、学生主体性的体现、管理的系统性、机制体制等方面显露出一些与经济社会发展和学生群体变化不相适应的地方。[①]

（一）学生思想日趋复杂

中共中央、国务院 2019 年印发的《中国教育现代化 2035》指出，随着我国经济和社会的发展高等教育大众化水平显著提升，高校和学科综合实力明显增强，重大科技成果和创新领军人才不断涌现，高校已成为我国创新发展强有力的驱动力量。高等教育大众化水平进一步提高，毛入学率已经达到 50%。在全面推进高等教育事业科学发展的新形势下，高校学生群体也在悄然变化：一是随着毛入学率的不断提高，有家庭问题、经济问题和心理问题的学生比重不断增加，管理压力增大。二是"00后"独生子女成为学生的主体，普遍存在以自我为中心、思想个性化、抗挫折能力差等特点。

（二）管理者定位发生变化

学生教育管理工作者在定位上既是教育者，又是管理者，更是服务者。随着教育大众化，高校学生人数持续增加，日常事务日趋复杂。学生教育管理工作者除了要完成学生思想教育、班团党建、社团文体活动等常规工作外，还需要承担越来越多的评奖评优、勤工俭学、助学贷款、就业创业教育以及公寓管理等行政化事务性的工作，时常陷于完成上传下达各种计

---

① 武月明. 浅谈大学生日常教育管理的有效方式与途径[J]. 山西农业大学学报（社会科学版），2011（6）.

划和任务之中，不能为学生提供所期望的全方位的教育与服务。在学生心目中，学生教育管理工作者仅是负责学生日常事务的老师，而不是担负引领学生成功，促进思想发展的政治导师，辅导员作为教育者的作用大打折扣，行政管理者的角色却日益突出，育人管理关系存在错位。

（三）管理理念相对滞后

行政化管理使学生教育管理工作者扮演"救火队员"的角色，工作始终处于一种被动、消极的状态，没有充分的时间和精力去研究学生的所思所想，对学生的教育普遍滞后。教育管理采用较生硬的规章、条例来约束学生，缺乏与学生的情感交流，导致学生主体意识、自我管理意识和自我教育意识缺失。当问题发生后，学生教育管理工作者往往以"监管者"的身份出现，对学生的教育主要侧重于对问题事发后的处理，而放松了对问题的预防。

第二节　大学生管理的指导思想与原则

管理是门科学，大学生管理也是一个由系列管理活动按一定顺序结合而成的系统组织过程。遵循适当的指导思想和原则，对于确保大学生管理工作的正确方向，实现管理质量与效率的最大化具有重要意义。

一、大学生管理的指导思想

科学的管理对提高管理效率，优化教育质量具有十分重要的意义；科学的管理有赖于符合客观实际的、法制化的、人性化的管理规章制度，而这一切都离不开科学的管理思想和指导思想。

（一）管理思想

所谓管理思想，是指"管理思想是关于管理的观点、观念或理论体系。管理理论和实践的结合在人们头脑中的反映"[1]。管理思想对管理工作起指导作用，它随着人类社会及其管理活动的产生、发展而不断变化。古代朴

---

[1] 君伟 junwei521. 管理思想[EB/OL].（2023-02-18）[2023-08-25]. https://baike.baidu. com/item/%E7%AE%A1%E7%90%86%E6%80%9D%E6%83%B3/2555826.

素的管理思想兴盛于中国、古巴比伦和印度等地区。近 4000 年前，古巴比伦《汉穆拉比法典》颁布的 282 条法律，体现了远古法规管理思想。中国在 3000 多年前，出现经权管理思想。后有历代的"人治""法治"及"知人善任"等管理思想。19 世纪后，随着机器大生产的兴起，欧洲出现古典科学管理思想以及法约尔的管理原则与过程理论等。20 世纪 20 年代开始，出现了人际关系—行为管理思想。20 世纪 60 年代后，出现了诸多管理学派，管理思想纷繁，被喻为进入了管理理论的"丛林时期"。

大学生管理属于教育管理的范畴，其管理思想理应与教育管理思想同类，研究大学生管理需要明确理论前提和基本方向。从哲学的层面看，大学生管理思想主要包括四个方面的内容：

1. 相互联系的管理思想

大学生管理是一种复杂的社会现象，从宏观上分析，高校与社会、家庭和时代是联系在一起的，大学生当然也不是孤立于社会、与世隔绝的，所以大学生管理牵涉到社会、家庭，影响着时代，同时也受时代或历史条件的限制。从微观方面来看，大学生管理诸要素之间也是相互联系、相互制约的，如管理与学习的关系、管理与教育之间的关系、管理与服务之间的关系、管理过程与管理结果之间的关系等，都是相互影响、相互制约的。

2. 动态平衡的管理思想

学生管理是一个复杂的系统，包含了许多不同的要素，如学生、教师、家长、学校管理者等。为了实现学生管理的动态平衡，需要不断调整这些要素之间的关系，以实现学生的全面发展。教师需要关注学生的需求和兴趣，同时也要引导学生树立正确的价值观和行为准则。学校需要与家长建立良好的沟通，理解家长的需求和问题，同时也要注重学生的发展需求和特点。学校需要为学生提供良好的学习和成长环境，同时也需要管理好学校的各项事务。动态平衡的管理思想要求通过不断调整各个要素之间的关系，学校可以实现学生管理的动态平衡，提高学生的学习效果和全面发展。

3. 对立统一的管理思想

对立统一的管理思想是指在一个系统中，各种要素之间存在着对立统一的关系。这种管理思想认为，一个组织要实现有序的管理，必须处理好各种要素之间的对立关系，同时也要发掘它们之间的统一性。对立统一的管理思想是一种哲学性的管理理念，可以帮助管理者更好地理解和处理组织中的各种要素之间的关系，从而实现更加高效和有序的管理。在高校的学生管理活动中，客观存在着各种矛盾关系，需要运用对立统一的管理思想对这些问题和矛盾进行分析研究并最终予以解决。例如，管理者与管理对象之间的矛盾，教育服务与教育管理之间的矛盾关系等。

4. 实践探索的管理思想

实践是检验真理的唯一标准，同时，实践又是获得科学认识的来源。大学生管理是一门实践性很强的科学，有很强的操作性要求。因此，我们在开展大学生管理工作的时候，一定要有实践意识，要有探索创新的勇气，并将实践过程中形成的好的经验提升到理论的高度，从而在整体上指导学生管理工作的新实践，推动学生管理工作水平的不断提升。

（二）指导思想

研究我国大学生管理，主要应注意运用以下几个方面的理论观点和指导思想。

1. 现代管理科学理论

现代管理科学理论是 20 世纪初形成的一门涉及多个学科的综合性学科，包括管理哲学、系统管理学、决策论、组织论、方法论、优化论等。其中，管理哲学是现代管理科学的核心，主要研究管理的基本原理、目的、价值、方法等。现代管理科学理论在实践中得到了广泛的应用，包括企业、政府、非营利组织等各个领域。例如，在企业管理中，现代管理科学理论可以帮助企业制定科学的管理制度、高效的运营模式、合理的资源配置等，从而提高企业的管理水平和竞争力。现代管理科学理论是一门综合性学科，涉及多个学科领域，为管理者提供了科学的管理理念和方法，对促进组织的发展和提高组织的竞争力具有重要意义。

大学生管理是一项综合性强、涉及多个方面的任务，需要管理者掌握一定的管理理论和实践经验。首先，现代管理科学理论的核心是以人为本，强调人的因素是管理成功的关键。在大学生管理中，也要注重学生的需求、意愿和价值观，了解学生的特点和需求，从而更好地引导和帮助他们发展。其次，现代管理科学理论强调目标和计划的制定。在大学生管理中，要制定明确的目标和计划，帮助学生明确自己的学习和成长方向，提高学习和生活的效率和质量。此外，现代管理科学理论还强调组织和管理系统的建立。在大学生管理中，要建立完善的组织和管理系统，确保各项工作的有序进行和高效实施。

现代管理科学理论对大学生管理具有指导意义，可以帮助管理者更好地理解和处理大学生管理中的各种问题，提高管理水平和效率，促进大学生的全面发展和个人成长。

2．辩证唯物主义的理论

辩证唯物主义是一种哲学观点，认为物质世界是客观存在的，而我们的意识是物质世界的反映。辩证唯物主义认为人的意识是物质的反映，因此管理者可以通过观察大学生的言行举止、成绩表现等来了解他们的实际情况，从而更好地认识和了解他们。辩证唯物主义认为事物是不断发展变化的，管理者可以通过分析大学生管理中的问题，从多个角度去看待问题，从而更好地理解和解决问题。辩证唯物主义认为实践是检验真理的唯一标准，因此管理者可以通过实践来验证自己的解决方案是否有效，并通过不断的实践和总结，找到最佳的解决方案。

辩证唯物主义的理论对大学生管理具有指导意义，可以帮助管理者更好地认识和了解大学生，分析和解决问题，提高管理水平和效率，促进大学生的全面发展和个人成长。

3．人的全面发展的理论

人的全面发展理论是指人在身心、智力、审美、情感、价值观等方面得到全面的发展和提升。在大学生管理中，人的全面发展理论具有很重要的应用价值。人的全面发展理论要求管理者关注大学生的全面需求和全面发展。在大学生管理中，除了关注学生的学业成绩，还要关注他们的身心健康、审美情趣、情感需求、价值观等方面的发展。人的全面发展理论要求管理者创造有利于大学生全面发展的环境和条件。在大学生管理中，要营造良好的学习环境、提供丰富的实践机会、建立公正的评价机制等，以促进大学生的全面发展。人的全面发展理论要求管理者关注大学生的个体差异和个性化需求。在大学生管理中，要尊重学生的个性差异，了解每个学生的需求和潜力，提供个性化的指导和帮助，促进大学生的个性化发展和健康成长。

人的全面发展理论对大学生管理具有指导意义，可以帮助管理者更好地理解和关注大学生的全面需求和全面发展，创造有利于大学生全面发展的环境和条件，促进大学生的全面发展和个人成长。

4. 继承和发扬我国大学生管理的成功经验

我国大学生管理的成功经验包括开展丰富多彩的校园文化活动、开展各式各样的学生社团组织、加强学生思想政治教育、实施学风考风建设、注重个性发展和个性化管理等方面。这些经验可以帮助管理者更好地理解和关注大学生的需求和全面发展，提高大学生的综合素质和自我价值，促进大学生的全面发展和个人成长。

开展丰富多彩的校园文化活动，营造良好的校园文化氛围。通过各种文化活动、科技比赛、社会实践等，丰富学生的课余生活，提高学生的综合素质和创新能力。

开展各式各样的学生社团组织，充分调动大学生的积极性和主动性。学生社团组织可以为学生提供展示自己的舞台，同时也能够为学生提供社会实践和交流的机会，增强学生的社会责任感和团队协作能力。

加强学生思想政治教育，注重培养学生的理想信念、道德品质和法律意识。通过各种形式的思想教育活动，引导学生树立正确的世界观、人生观和价值观，培养学生的道德品质和法律意识，提高学生的综合素质和自我价值。

实施学风考风建设，加强学生诚信教育。通过严格的管理制度、公正的评价机制和有效的奖惩措施，促使学生形成良好的学风和考风，增强学生的诚信意识和自律能力。

注重个性发展和个性化管理，尊重学生的个性和需求。通过个性化的指导和帮助，满足学生的个性化需求，激发学生的潜力，提高学生的综合素质和自我价值。

二、大学生管理的原则

大学生管理的原则是在大学生管理过程中必须遵循的基本准则。恩格斯指出："原则不是研究的出发点，而是它的最终结果；这些原则不是被应用于自然界和人类历史，而是从它们中抽象出来的；不是自然界和人类去适应原则，而是原则只有在适合于自然界和历史的情况下才是正确的。"[①]因此，大学生管理原则的确定，主要依据大学生管理的内在规律、实践经验及党

---

① 卡尔·马克思，弗里德里希·恩格斯. 马克思恩格斯全集（第20卷）[M]. 中国中央编译局，译. 北京：人民出版社，1971：38.

的路线、方针、政策。①新形势下，大学生管理主要包括方向性、发展性、创新性、激励性和自主性等基本原则。

（一）方向性原则

大学生管理坚持方向性原则，是涉及培养什么人、如何培养人的根本性问题。大学生管理是高校办学的重要方面，是学校育人环节的重要一环，社会主义大学的主要目标是培养合格的社会主义事业接班人，大学生管理工作直接影响这一目标的实现。方向性原则是指确定大学生管理的目标，进行大学生管理活动，要与高校育人工作的总目标相一致，要与党和国家的教育方针、规范、政策和法律法规中规定的教育目标、管理目标等相一致。方向性原则是大学生管理中具有决定意义的基本原则。只有坚持这一原则，才能促进大学生管理沿着高等教育育人工作的总目标发展，才能保证大学生管理的正确方向，才能有利于培养全面发展的社会主义事业建设者和接班人。坚持方向性原则，是大学生管理的社会属性决定的，也是我国大学生管理历史经验的总结。

大学生管理中坚持方向性原则，关键需要做到以下三点。

1. 按时代需求及时调整管理目标

坚持方向性原则不仅体现在政治方向上，而且体现在管理是否能为党和国家的中心任务服务。不同时期，党和国家的任务是不同的，对人才的需求也是不同的。这就要求大学生管理要紧扣时代主题，不断调整管理目标，创新管理模式。目前，发展是时代主题，经济建设是党和国家的中心任务，要根据这一中心任务制定具体的大学生管理目标。

2. 增强管理者的政治意识

大学生管理是具有鲜明的政治方向、价值导向的。任何社会的大学生管理都是为一定社会、阶级服务的。不同社会的大学生管理目的、理念、任务、方式、方法等，是有着显著差异的。然而，在我们的管理理论和实践中，往往存在着忽视管理的政治功能和价值导向的现象。一些人甚至不认为大学生管理有何方向性可言。因此，体现大学生管理的方向性，首要的问题就是增强管理者本人的政治意识，促进管理者有意识地在管理过程中思考管理的政治方向和价值导向。管理者要把方向性要求贯穿在大学生

---

① 邱伟光，张耀灿. 思想政治教育学原理[M]. 北京：高等教育出版社，1999：210-211.

管理全过程和具体的活动中。引导广大学生积极投身改革开放和社会主义现代化建设，在为祖国、为人民的不懈奋斗中实现自己的人生价值。

3. 以制度的合法性体现管理的政治导向性

坚持方向性原则，就必须自觉接受党的领导，其核心是坚决贯彻党的方针、路线、政策。学校的各项制度就是贯彻党的方针、路线、政策的主要载体，是一定社会政治方向、价值导向等的具体体现。因此，学校层面制定的各类大学生管理相关制度，一定要与国家的法律、法规相一致。通过合法制度来保障大学生管理的方向性。要注重把方向性原则融入制度建设和执行的全过程，使学生坚定社会主义的理想信念，在实践中成长成才。

（二）发展性原则

大学生管理坚持发展性原则，包括两个方面：一是管理工作本身要不断发展，二是通过管理促进学生的全面发展。从管理工作本身来看，随着我国社会政治、经济、文化的不断发展，社会生活发生了复杂而深刻的变化，大学生管理工作的形势、环境、对象、任务发生了深刻的变化，这就要求管理的体制、机制不断变化，管理方式、目标、途径及时调整，以确保大学生管理工作的实效。

在通过管理促进学生全面发展方面，关键是做到三点。

1. 要树立发展意识

思想是行动的先导，有什么样的发展理念，就会有与之相应的管理方式和结果。在大学生管理中，树立发展意识非常重要。发展意识是指要从发展的角度去看待问题，注重学生的长远发展和全面提升。在大学生管理中，要提供多种渠道和机会，让学生得到充分的锻炼和发展。例如，可以提供多种选修课程、实践机会、科研项目等，让学生根据自己的兴趣和能力进行选择和探索，促进学生的个性发展和全面发展。在大学生管理中，要注重学生的综合素质，不仅关注学生的学业成绩，还要关注学生的身心健康、审美情趣、情感需求、价值观等方面的发展。要营造良好的校园文化氛围，提供丰富多彩的课外活动和社团组织，让学生得到全面的锻炼和提升。在大学生管理中，牢固树立促进学生全面发展的责任感和紧迫感，打破常规思维，以新的发展观念指导管理决策，设计管理计划，谋划学生的全面发展。

2．要不断推动管理创新

通过管理促进学生全面发展，需要同时注重管理本身的发展，而管理的发展实际上是创新。服务于学生全面发展的管理创新就是在遵循大学生管理规律基础上，与时俱进，坚持继承与创新相结合，创造性地开展工作，促进学生全面成长和成才。随着社会经济的迅速发展，大学生管理工作面临着新环境、新问题，大学生在思想上出现了迷惑和困扰，在观念上呈现出多元化特点，而当前的大学生管理的机制、途径、方法与载体都已经落后于时代的发展。如果固守原有的管理方法则无法有效地适应时代的需要，无法解决当前的问题。因此，创新大学生管理工作理念和工作方法，成为时代和社会赋予高校学生管理工作者的重任。

3．要统筹各方面的资源形成促进学生发展的合力

一直以来，我们在高校管理实践工作中都强调大学生管理包括管理学生和服务学生两大方面。但在具体操作上，管理行为却总是多于服务行为。实践证明，把职业生涯规划、生活帮扶、大学生就业指导、心理辅导等贯穿与学生管理工作的始终，切实关注学生的管理需求，才能充分发挥学生的主观能动性、激发学生的创造性，从而促进学生的发展。要理顺学校各管理部门关系，通过部门间的相互协调，相互联系，从而将组织内部各个要素联结成一个有机整体，使人、财、物、信息、资源等得以最佳配置，形成促进学生发展的合力。

（三）激励性原则

激励性原则，是指大学生管理中利用一定的物质手段或精神手段，调动学生的积极性、创造性，使学生的潜能得到充分发挥，从而实现管理目标。在大学生管理中，激励的效果取决于在激励过程中采取的方法能否符合大学生的发展实际、能否满足大学生的需要、能否在大学生内心形成自我激励的内在动力等。在大学生管理中贯彻激励性原则，可以从三个方面入手。

1．运用正向激励手段

高校在学生管理过程中，科学、合理地运用激励机制，有助于调动大学生的能动性和创造性，改变大学生的观念、行为。正向的激励主要有两种：一种是物质上的，通过对学生进行一定的物质激励，调动学生积极性、

主动性；另一种是精神上的，主要指通过各种形式的表扬，给予一定的荣誉。正向的激励有助于学生将外部的推动力量转化为自我奋斗的动力，充分发挥自身潜能，从而有效地激励学生成长成才。在大学生管理中，要协调好物质激励和精神激励的关系，采取合理的激励手段，确保管理效果。

2. 采取情感激发的方式

"情感，是人格发展的诱因，是青年追求美好生活的动力。"[①]要确保管理目标的实现，一般都要有感情的催化。当管理者与学生平等对待、敞开心扉、相处愉快时，管理活动就比较容易开展；当双方针锋相对、互不理解时，学生往往产生抵触情绪，管理效果就会打折扣。因此要求管理者不仅要以制度约束人，而且要以真情感染人，注重沟通，消除疑虑，用欣赏的眼光去看待学生，使每一个学生的需求得以尊重、困惑得以解决、特长得以发挥。

3. 在管理中树立典型，通过榜样进行激励

在学生管理中树立典型是一种有效的激励方式。通过树立榜样，可以激发其他学生的模仿和学习欲望，从而引导学生向积极的方向发展。选择在学习、工作、社会实践等方面表现优秀的同学，作为其他学生的榜样。这些同学的成功经验可以激励其他学生努力学习和积极参与各种活动，提高自己的综合素质。通过宣传栏、校园广播、网络等渠道，宣传榜样学生的先进事迹，让其他学生了解他们的成功经验，从而受到启发和激励。需要注意的是，树立典型要注重真实性和可信度，宣传的先进事迹要符合事实，不得夸大或歪曲。同时，也要关注其他学生的心理感受，避免过度宣传和比较，导致消极情绪的产生。

（四）自主性原则

自主性原则是指高校在进行大学生管理时，使大学生参与到管理过程中来，充分调动大学生的积极性和创造性，进行民主管理，实现自我管理和自我服务。

大学生管理遵循自主性原则，是由两方面决定的。一方面有利于育人目标的实现。管理的目标是育人，这就要求将外在的行为规范转化为内在

---

① 潘懋元. 简评（高校育人新机制探索：情感、激励、嫁接三结合）[N]. 光明日报，2008-10-24.

的思想观念，从而支配管理对象的行为。如果不调动学生的主观能动性，学生就难于接受管理，管理的实效性就难于发挥。另一方面有利于满足学生自主管理的现实需求。随着我国社会主义市场经济体制的不断完善，高等教育逐步走向经济社会发展的前台，市场经济的自主、平等、竞争、法治精神对高校师生的影响不断深化，大学生自主意识不断增强。大学生渴望在各项事务管理中充当主角，自己管理自己，充分发挥主观能动性，实现自我管理、自我服务。

大学生管理中坚持自主性原则要做到以下三点。

1. 唤醒学生的自主管理意识

学生自主管理意识的培养可以促进学生自我发展，提高学生的主观能动性和自我管理能力，使学生能够更好地适应社会发展的需求。学生自主管理可以减少管理者的工作量，提高管理效率，同时也可以培养学生的自我约束能力和责任感，减少违纪行为的发生。通过自主管理，学生可以更好地了解自己的优势和不足，从而更好地规划自己的学习和生活，提高自我认知能力。学生自主管理需要学生之间的协作和配合，通过参与管理和组织活动，可以培养学生的团队合作能力和领导能力。

2. 加强对学生自主管理的指导

自主管理不等于放任自流，必须加强自主管理的指导，才能保证管理的方向和实效。怎样才能保证管理的方向和实效呢?有四方面的内涵，即明确方向，定准目标，告诉学生工作要达到的程度和要取得的效果；定好标准，明确思路，告诉学生怎样开展工作；做好监督，对学生任务执行情况进行跟踪观察，时刻关注工作进展情况；及时反馈，帮助学生及时调整方向，确保学生工作在正确的轨道上进行。

3. 打造学生自主管理的平台

辅导员要抓好班委会、团支部、学生会等学生组织为载体的自主管理平台，增强凝聚力、吸引力，建立定期流动机制和激励机制，充分保证学生广泛地参与到自主管理中来。作为辅导员，要敢于充分"放权"，敢于把大学生管理工作交给学生，实现学生的自我管理、自我服务。

第三节 大学生管理的对象和任务

大学生管理是高校管理系统的重要组成部分，在高校教育改革和发展中占有极为重要的地位，在高校管理研究中具有重要意义。把大学生管理作为一门科学进行研究，探讨大学生管理活动的本质与内在规律，促进学生管理工作的科学化、法制化、人性化，推动大学生管理工作由经验型、传统型、行政本位型向科学型、现代型、学生本位型转变，为中国特色的社会主义现代化事业培养新世纪合格的建设者和接班人，是广大管理工作者特别是直接从事大学生教育管理工作的学者面临的一个重要课题。

一、大学生管理对象

所谓管理对象是指"管理活动的承受者"。随着人类认识的深化和管理的科学化、复杂化，不同时期、不同学派对管理持有不同的见解：一是指管理活动所作用的各种具体对象。最初是人、财、物三要素，后增加了时间、空间，成为五要素，又增加了信息、事件，成为七要素，等等。二是指管理活动所作用的特定系统，即把管理对象作为由多种因素组成的有机整体。系统与外界环境有信息、能量、物质交流。大学生管理作为高校管理工作的重要组成部分，其相对应的工作对象无疑是指高校学生，从广义角度来看，这些学生应包括所有在高校求学的学生，即专科生、本科生、硕士生、博士生等。大学生管理牵涉到诸多知识体系，包括管理学、教育学、青年心理学、政治学、人才学等，因此，大学生管理是一门综合性、政策性很强的应用科学，有自己独特的研究对象。大学生管理对象的特殊性决定了学生管理活动的特殊规律。在中国，学生管理科学是以党的路线、方针和政策为依据，建立在教育科学、管理科学、青年生理心理学等基本理论和丰富的学生管理工作经验的基础之上，研究学生管理的对象、任务、原则、内容、方法和规律的一门科学。

大学生管理作为学校管理的一个重要方面，同其他管理工作一样，都是以教育领域某一方面的特殊现象和规律为研究对象的，它必然要受到教育领域总规律的支配与制约。因此，它又不同于管理工作的其他分类工作，具有相对的独立性。我们只有既认识到大学生管理工作与其他管理工作的密切联系，又认识到它与其他管理工作的不同特点，才能真正揭示大学生管理现象本身所具有的特殊规律，使之成为一门具有特性并富有成效的管理工作。

作为一项管理工作，一般而言，总要有相应的学科知识成为其所依循的工作方针，而一门学科的成立必须具备一个必不可少的条件，即它必须具有一套系统的范畴体系。范畴体系既体现了研究的方向，同时也展示了研究的内容。因此，准确而恰当地表述大学生管理学的研究内容，最好的办法是确立这门科学的框架和范畴体系。我们认为，大学生管理工作要研究的内容应涵盖以下几个方面。

第一，学科理论的研究。学科理论的研究包括大学生管理科学的性质、理论基础、研究对象和领域、主要研究任务、学科的地位和作用，大学生管理的指导思想和原则，如何对历史的经验进行抽象和概括以纳入理论体系之中，如何移植、融合相关学科的理论，不断丰富、完善和发展高校学生管理科学等。

第二，方法论的研究。研究大学生管理科学的方法论，一方面要研究根本的思想方法；另一方面还要研究具体的管理方法，如思想政治教育管理、大学生社区管理、教学与学籍管理、实践管理、社团管理、校园文化管理（含网络管理）、奖惩制度管理、社会心理健康与咨询管理、就业管理、学生党员管理与党建管理、学生干部队伍的管理、学生群体性突发事件的应急管理等方面的管理方法与手段。

第三，组织学的研究。大学生管理是一项系统工程。对大学生管理的组织领导体制、学生管理队伍的建设、学生管理的现代化趋势等，都必须作更为深入、全面的探讨。

第四，学生成长规律、心理生理特点与管理工作的有机联系研究，青年群体之间相互作用关系与大学生管理工作的互动共生研究。

二、大学生管理的基本任务

大学生管理工作的基本任务，不仅包括研究学生管理学的相关体系，即研究大学生管理工作与活动的知识系统理论，而且更重要的是这种研究必须着眼于寻求学生管理工作本身所蕴含的特殊矛盾，领悟和把握学生管理工作的运行规律，以更好地运用于学生管理工作的实践之中，有力地推动大学生管理工作。概括起来，大学生管理工作的主要任务有以下几点：

（一）系统总结我国大学生管理工作的经验和教训

学生管理是一种既古老又年轻的社会工作，它伴随学校的产生而产生，有着悠久的历史传统和崭新的时代内容。中国共产党早在初创时期就在大中学校开展学生工作，有 100 多年学生管理工作的历史，积累了丰富的经验。从创办湖南自修大学、平民女学、农民运动讲习所，到开办红军大学、抗日军政大学到新中国成立后各级各类学校的建立，其间有众多的经验需要总结，也存在一些教训需要吸取。新中国成立以后，我国的学生管理工作也有着许多值得认真研究的理论知识与实践特色，从解放初期到 70 年代，从改革开放到全面建设小康社会，每一个时期都有不同的学生管理工作理论基点和实践探索，这些都是值得我们从事学生管理工作的同志认真学习、探讨、分析和思索的。

（二）全面贯彻党的教育方针

学生管理是全面贯彻党的教育方针的重要一环。引导学生坚定共产主义理想信念，增强"四个自信"，立志为共产主义的远大理想和中国特色社会主义共同理想奋斗。培养学生的爱国主义精神，以爱国主义为底色，爱国爱党，立志听党话、跟党走，扎根人民、奉献国家。引导学生树立正确的世界观、人生观和价值观，以良好的品德修养为基础，做到言行一致、诚实守信、尊重他人、勤奋努力。注重学生的德、智、体、美、劳全面发展，注重学生综合素质的培养，让学生在各个领域都能得到充分的发展和提升。建立健全学生管理制度，严格执行各项规定，保障学生的合法权益。同时，加强学生思想教育和行为引导，让学生自觉遵守校规校纪。

（三）批判性的借鉴国外成功的大学生管理经验

在借鉴国外成功的大学生管理经验时，我们需要保持批判性的思维，审慎对待国外经验，结合本国的实际情况进行灵活应用。在借鉴国外经验时，需要先了解其背景和环境，包括政治、经济、文化等方面的因素。同时，需要比较本国和国外的环境差异，找出可借鉴的部分，避免生搬硬套。在借鉴国外经验时，需要加强管理和引导，确保学生能够有序参与，避免出现混乱和失控。同时，需要关注学生的思想和行为变化，及时进行引导和帮助。借鉴国外经验后，需要结合本国的实际情况进行持续改进和调整。大学生管理经验不是一成不变的，需要随着时代和环境的变化不断更新和优化。在借鉴国外成功的大学生管理经验时，我们需要保持批判性的思维，结合本国的实际情况进行灵活应用，注重学生需求、加强管理和引导、注重持续改进，才能取得更好的效果。

（四）以理论创新推动实践创新

全面促进学生工作的科学化、法制化和人本化。虽然高校有办学的自主权，可以根据自身的特点制定符合本校实际的学生管理制度与规定，但这些规定不能违背大学生的成长规律，不能与国家的法律法规相悖，更不能违背社会主义办学方向。体现管理制度的科学化、法制化和人本化，需要研究法律与青年学的相关理论，还需要研究管理学理论，并将管理学、法律学、青年学有机结合起来，形成理论创新，推动实践发展。

（五）加强科学研究，注重实践探索

在大学生管理中，加强科学研究注重实践探索可以有效地提高管理效果和质量。对大学生管理进行深入研究，了解国内外先进的管理理念和经验，掌握大学生管理的规律和特点，制定科学合理的管理策略。将管理理念和方法应用到实际工作中，通过实践来验证和优化管理策略。同时，通过实践来了解学生的反馈和需求，及时调整管理策略。建立大学生管理相关的数据库，对管理数据进行收集、分析和利用，为管理决策提供数据支持。鼓励大学生参与科学研究，通过科研项目、学术竞赛等方式，提高学生的创新能力和实践能力。引进具有科研能力的高水平师资，提高大学教师队伍的科研能力和水平，为学生提供更好的学术指导和支持。大学可以利用自身的科研优势和资源，开展社会服务活动，为社会提供智力支持和技术成果。

加强科学研究注重实践探索是提高大学生管理效果和质量的重要途径。通过深入研究、实践探索、数据支持、师资建设和社会服务等多种方式，可以不断提升大学生管理的水平和质量，为学生的成长和发展提供更好的支持和服务。

第四节　大学生管理的特点和作用

我国大学生管理的实践证明，对大学生的成功管理，必须坚持马克思主义理论，从我国的实际情况出发，遵循高校管理的基本规律，把握学生的特点。只有这样，才能使大学生管理产生积极的效用，确保学生成才。

一、大学生管理的特点

大学生管理作为高校为实现人才培养目标而为大学生提供的引导与服务，有其自身显著的特点。

（一）鲜明的价值导向

高等教育的使命是培养具有社会责任感、创新精神和实践能力的高级专门人才，为民族复兴、国家富强、人民幸福作出贡献。大学生管理需要以立德树人为根本，以人才培养为核心，全面推进学生的综合素质教育，培养学生成为具有社会责任感、创新精神和实践能力的人才。

1. 大学生管理的价值导向集中体现在管理目标中

大学生管理的价值导向集中体现在管理目标中，这个管理目标是以学生为中心，以学生的全面发展和成长为出发点，通过科学管理、服务保障、教育引导等多种手段，实现学生的自我实现和全面发展。这个目标体现了大学生管理的价值导向，即以学生为中心，关注学生的需求和利益，致力于学生的全面发展和成长。

在实现这个管理目标的过程中，需要尊重学生的主体地位，关注学生的个性化需求，积极为学生解决实际问题，创造良好的学习和生活环境，促进学生的全面发展和成长。这个价值导向在大学生管理中具有重要性和必要性，因为它保证了大学生管理的方向和目标，为大学生提供了更好的服务和管理保障，促进了学生的全面发展和成长，为实现学生自我实现和全面发展提供了有力的支持。同时这个价值导向也符合高等教育的使命和需求，高等教育肩负着培养具有社会责任感、创新精神和实践能力的高级专门人才的使命，大学生管理需要以这个使命为指导，积极推进学生的综合素质教育，注重学生个性化发展和全面发展的需求，为学生提供更好的服务和管理保障，为实现学生自我实现和全面发展提供更加有效的支持。

大学生管理的价值导向集中体现在管理目标中，这个目标是以学生为中心，以学生的全面发展和成长为出发点，通过科学管理、服务保障、教育引导等多种手段，实现学生的自我实现和全面发展。这个目标符合高等教育的使命和需求，也尊重学生的主体地位和个性化需求，为大学生的全面发展和成长提供了有力的支持。

2. 大学生管理的价值导向突出体现在管理理念中

大学生管理的理念是以学生为中心，以学生的全面发展和成长为出发点，尊重学生的主体地位，关注学生的个性化需求，积极为学生解决实际问题，创造良好的学习和生活环境，促进学生的全面发展和成长。

大学生管理需要以学生为中心，为学生提供优质的服务和保障。学校需要为学生提供良好的学习环境、生活环境和公共服务，满足学生的基本需求和个性化需求，为学生提供全方位的服务和支持。大学生管理需要尊重学生的个性差异和个性化需求，关注学生的心理健康和全面发展，为学生提供人性化服务和教育管理，促进学生个性的发挥和全面发展。大学生管理需要尊重学生的主体性和参与权，鼓励学生参与学校的管理和决策，听取学生的意见和建议，提高学生的参与度和满意度，为学生提供民主化的管理和服务。大学生管理需要注重学生的创新精神和实践能力的培养，通过科研项目、实践活动、创新创业等多种途径，让学生得到实践锻炼和创新体验，提高他们的创新能力和实践能力，为他们的未来发展和成长奠定坚实的基础。

大学生管理的价值导向突出体现在管理理念中，这个管理理念是以学生为中心，以学生的全面发展和成长为出发点，尊重学生的主体地位，关注学生的个性化需求，积极为学生解决实际问题，创造良好的学习和生活环境，促进学生的全面发展和成长。这个价值导向符合高等教育的需求和学生的实际需要，为大学生的全面发展和成长提供了有力的支持。

3. 大学生管理的价值导向具体体现在管理制度中

大学生管理的制度是以学生为中心，以学生的全面发展和成长为出发点，尊重学生的主体地位，关注学生的个性化需求，积极为学生解决实际问题，创造良好的学习和生活环境，促进学生的全面发展和成长。

大学生管理的制度是为了保障学生的权益和利益，促进学生全面发展和成长，而不是为了限制和控制学生。管理制度的制定需要考虑到学生的实际需求和利益，以学生的全面发展和成长为出发点，为学生提供更好的服务和管理保障。大学生管理制度的内容需要涵盖学生的各个方面，包括学籍管理、课程管理、宿舍管理、社团管理等方面，以保证学生能够得到全面的管理和服务。同时，管理制度的内容也需要尊重学生的主体地位，关注学生的个性化需求，为学生提供更加人性化的管理和服务。大学生管理的制度需要得到有效的执行，以保证管理效果和管理目标的实现。在执行管理制度的过程中，需要尊重学生的主体地位，关注学生的个性化需求，积极为学生解决实际问题，创造良好的学习和生活环境，促进学生的全面发展和成长。

大学生管理的价值导向具体体现在管理制度中，这个管理制度是以学生为中心，以学生的全面发展和成长为出发点，尊重学生的主体地位，关注学生的个性化需求，积极为学生解决实际问题，创造良好的学习和生活环境，促进学生的全面发展和成长。

（二）突出的教育功能

大学生管理是高校人才培养工作的重要组成部分，因此，大学生管理既具有管理的属性，又具有教育的属性，有着突出的教育功能。

1. 大学生管理的目标服从和服务于大学生教育的目标

大学生管理的目标服从和服务于大学生教育的目标，这是由高等教育的使命和大学生管理的本质所决定的。大学生管理需要以培养具有社会责任感、创新精神和实践能力的人才为核心，全面推进学生的综合素质教育，注重学生的个性化需求和全面发展，为学生提供优质的服务和管理保障。

高等教育的主要任务是培养具有社会责任感、创新精神和实践能力的高级专门人才，为民族复兴、国家富强、人民幸福作出贡献。为了实现这个目标，大学生管理需要以培养具有社会责任感、创新精神和实践能力的人才为核心，全面推进学生的综合素质教育，注重学生的个性化需求和全面发展，为学生提供优质的服务和管理保障。

大学生管理需要注重学生的全面发展，不仅在学术上有所建树，还需要注重学生的身心健康、人格完善、人际交往等方面的培养，为学生未来的职业生涯和生活奠定坚实的基础。大学生管理需要注重学生创新精神和实践能力的培养，通过科研项目、实践活动、创新创业等多种途径，让学生得到实践锻炼和创新体验，提高他们的创新能力和实践能力。大学生管理需要注重学生综合素质的培养，包括学术素质、道德素质、人文素质、创新素质等方面，促进学生综合素质的提升。大学生管理需要以学生为中心，为学生提供优质的服务和保障，满足学生的基本需求和个性化需求，创造良好的学习和生活环境。

2. 教育方法在大学生管理方法体系中具有突出的作用

教育方法是包括大学生管理在内的现代管理活动中最经常最广泛使用

的一种基本手段。这是因为，一切管理活动都离不开人，而人是有思想的，人的活动总是由一定的思想意识支配的。正如恩格斯所说："推动人去从事活动的一切，都要通过人的头脑"①。因此，任何管理活动都要坚持思想领先的原则，注意做好人的思想工作，通过影响人的思想去引导和约束人们的活动。而大学生管理作为大学生教育和培养工作系统中的一个重要组成部分，也就必然要更加注重运用教育的手段，以增强大学生管理的实效性。同时，教育方法也是大学生管理中其他方法顺利实施并收到实效的基础。大学生管理的法律方法、行政方法和经济方法的实施，一般都要伴之以思想道德教育，才能收到良好的效果。正如毛泽东所说："为着维持社会秩序的目的而发布的行政命令，也要伴之以说服教育，单靠行政命令，在许多情况下就行不通。"②

3. 大学生管理过程同时也是大学生的教育过程

大学生管理不仅仅是一种管理行为，更是一种教育行为。在大学生管理的过程中，学校需要通过各种手段和方式，引导学生树立正确的价值观、世界观和人生观，培养学生的自我管理能力、创新精神和实践能力，促进学生全面发展。

大学生管理需要通过各种规定和制度，引导学生树立正确的行为规范和习惯，培养学生的自我管理和自我约束能力，让学生学会自我控制和自我监督，从而提高他们的自我管理能力。大学生管理需要通过各种科研项目、实践活动、创新创业等途径，鼓励学生积极参与，培养学生的创新精神和实践能力，让学生得到实践锻炼和创新体验，提高他们的创新能力和实践能力。大学生管理需要关注学生的个性化需求和全面发展，通过各种课程、活动、社会实践等，提高学生的综合素质，让学生得到全面的发展和成长。

大学生管理过程同时也是大学生的教育过程，这是由大学生管理的本质和高等教育的使命所决定的。大学生管理需要以培养具有社会责任感、创新精神和实践能力的人才为核心，注重学生的自我管理能力、创新精神和实践能力、促进学生的全面发展，为学生提供更好的服务和管理保障。

---

① 卡尔·马克思，弗里德里希·恩格斯. 马克思恩格斯选集（第4卷）[M]. 中国中央编译局，译. 北京：人民出版社，1995：232.
② 中共中央文献研究室. 毛泽东文集（第7卷）[M]. 北京：人民出版社，1999：210.

二、大学生管理的作用

实现全面小康,需要千百万建设社会主义事业的专门人才,而高校在现代社会中是人才的"加工厂",担负着培养人才的重大责任。大学生管理工作是高校教育管理工作的重要一环,其责任总体上与高校的根本任务是一致的。这种责任决定了大学生管理工作的重要作用。它主要反映在以下几个方面。

(一)育人作用

高校学生管理通过各种规定和制度,引导学生树立正确的价值观和人生观,培养学生的道德品质和公民意识,让学生成为具有社会责任感和良好道德品质的公民。高校学生管理通过各种规定和制度,培养学生的自我管理和自我约束能力,让学生学会自我控制和自我监督,从而提高他们的自我管理能力。高校学生管理关注学生的个性化需求和全面发展,通过各种课程、活动、社会实践等,提高学生的综合素质,让学生得到全面的发展和成长。高校学生管理通过各种科研项目、实践活动、创新创业等途径,鼓励学生积极参与,培养学生的创新精神和实践能力,让学生得到实践锻炼和创新体验,提高他们的创新能力和实践能力。高校学生管理以学生为中心,为学生提供优质的服务和保障,满足学生的基本需求和个性化需求,创造良好的学习和生活环境,促进学生的全面发展和成长。

高校学生管理具有育人的作用,它不仅是一种管理行为,更是一种教育行为。高校学生管理通过各种手段和方式,引导学生树立正确的价值观和人生观,培养学生的自我管理和自我约束能力,促进学生的全面发展和成长。

(二)稳定作用

高校学生管理的稳定作用主要体现在以下几个方面:

(1)维护校园安全和秩序。高校学生管理通过规定和制度,维护校园的安全和秩序,确保学生的人身财产安全,避免校园内的各种安全事故和突发事件。

(2)促进师生和谐关系。高校学生管理通过各种规定和制度,促进师生之间的和谐关系,加强师生之间的交流和互动,缓解师生之间的矛盾和冲突,维护校园的稳定和和谐。

（3）增强学生的自我管理和自我约束能力。高校学生管理通过各种规定和制度，培养学生的自我管理和自我约束能力，让学生学会自我控制和自我监督，增强学生的自我管理能力，从而维护校园的稳定和秩序。

（4）帮助学生解决实际问题。高校学生管理通过各种途径，帮助学生解决实际问题，如心理咨询、就业指导、奖学金申请等，让学生得到实际帮助和支持，增强学生对学校和管理制度的信任和认同。

高校学生管理的稳定作用非常重要。通过规定和制度，高校学生管理维护校园的安全和秩序，促进师生之间的和谐关系，增强学生的自我管理和自我约束能力，帮助学生解决实际问题，从而维护校园的稳定与和谐。

（三）增强大学生能力的作用

高校是培养人才的场所，因此，高校的学生管理应有培养学生的功能，应发挥增强学生能力的积极作用。例如，社会实践的管理，可以增强大学生的社会实践和社会活动的能力；实验室的管理，可以增强学生的动手能力；心理咨询可以提高学生自我认识、自我调节的能力；学生的党团活动可以提高学生对党团的认识水平，等等。

第二章　大学生管理现状及存在的问题

第一节　当前大学生管理现状分析

一、当前我国大学生管理制度

大学生是民族的希望和祖国的未来，他们充满活力激情，接受新生事物快，思想单纯，积极上进年轻有为，渴望早日成才。把大学生养成中国特色社会主义事业的建设者和接班人，对于全面实施科教兴国和人才强国战略，确保我国在激烈的国际竞争中始终立于不败之地，确保实现全面建设小康社会，加快推进社会主义现代化的宏伟目标，确保中国特色社会主义事业后继有人，具有重大的战略意义。为此，加强对大学生的教育管理显得尤为重要。法律、法规、条例、道德、公约是大学生管理的基本手段和重要依据，它阐明行为与整个管理过程的联系，是学生管理工作成功的关键。

（一）国家与大学生有关的制度

国家与大学生有关的法律、法规、条例、制度、办法、规定、道德、公约。如《中华人民共和国宪法》《中华人民共和国教育法》（八届人大三次全会于 1995 年 3 月 18 日通过）、《中华人民共和国高等教育法》（九届人大四次会议 1998 年 8 月 29 日通过）、《中华人民共和国教师法》（八届人大四次会议 1993 年 10 月 31 日通过）、《中华人民共和国民法总则》《中华人民共和国刑法总则》《中华人民共和国未成年人保护法》《高等学校学生行为准则》（国家教委 1989 年 11 月 17 日发）、《普通高校学生管理规定》（国家教委 1990 年 1 月 20 日施行）、《普通高校安全教育及管理暂行规定》（国家教委 1992 年 4 月 15 日颁布）、《普通高等学校毕业生就业工作暂行规定》（国家教委）、《普通高校本专科学生实行奖学金制度的办法》（国家教委、财政部）、《大学生意外伤害处理办法》《中华人民共和国学位条例》（1980 年 2 月 12 日第五届全国人民代表大会常务委员会第 13 次会议通过）、《关于印发攻读硕士学位研究生管理规定及其实施细则》（国家教委 1996 年 11

月 5 日颁布实施）、《应征入伍普通高校录取新生保留入学资格及退役后入学办法（试行）》（教育部、总参谋部）、《高校学生学籍学历电子注册办法》（教育部 2014 颁布）《普通高校学生管理规定》（教育部 2016 年颁布）、《关于进一步规范和加强学生资助管理工作的通知》（财教办 2021 年颁布）。

（二）高校与大学生有关的制度

高校与大学生有关的制度可分为 4 个层面。

1. 高校及其职能部门制定的相关制度

高校及其职能部门（如学生处教务处、招生就业处、计财处、后勤处保卫处、团委等）制定的与大学生有关的制度包括《普通学生管理规定》《学生违纪处分条例》《考试违规处理暂行办法》《学生申诉处理暂行办法》《学生工作目标管理综合考核评估办法》《学生班级评估办法》《班级评价标准》（班主任管理条例）《三好学生评选办法》《创新学分和技能学分实施办法》《严禁学生在外租房住宿的规定》《关于对校园内吸烟、相互酗酒学生的处理办法》《学生早操管理实施办法》学生情况家长通告制度《国家奖学金管理办法》《学生专业奖学金评定办法》《国家助学贷款实施细则》《国家助学贷款管理办法》学生社团管理条例》《学生转院系（专业）的实施办法》《招生工作实施细则》《教学区管理规定》《学生纪律处分问题的暂行规定》《学生德智体综合测评及淘汰制度试行办法》《学生工作目标责任书》《班级建设意见》《设立学生单项奖的暂行规定》《学生监定工作实施办法》《课程考试评卷暂行办法》学生宿舍守则》《学生宿舍管理条例》《学生宿舍管理处罚条例》《学生宿舍公寓电视系统管理规定》《学生宿舍管理考核办法》《学生宿舍检查评分标准》《文明宿舍评定办法》《校园秩序管理条例》《优秀实习生评选办法》《优秀毕业生推荐办法》《学生党支部工作条例》《关于进一步加强和改进在学生中发展党员工作的实施意见》等。

2. 由高校二级院（系）制定的与大学生有关的制度

由高校二级院（系）制定的与大学生有关的制度包括《教育实习管理规定》《教育见习管理办法》人学教育管理制度《关于学生毕业论文的指导和答辩工作的暂行规定》《学生德智体及发展性素质评定实施细则》《院（系）学生工作例会制度》《院（系）团学干部例会制度》《院（系）学生信息员管理制度》《院（系）信息员招聘实施细则》《（院（系）三好学生评

选办法》《院（系）优秀团员评选办法》《学生实验工作管理办法》《院（系）优秀毕业生评选办法》《院（系）优秀实习生评选办法》班级例会制度》等。

3. 由院团总支（分团委）及学生会（学生分会）制定的管理制度

院（系）团总支及学生会，是连接院（系）党总支（分党委）及行政的桥梁和纽带，高校的学生干部大部分集中在这 2 个机构。学生干部是大学生群体中的先进分子，在学生组织中担任相应领导职务，承担一定职责，履行一定义务，对学生进行相应教育和管理，是高校教育管理工作的主体、骨干、勤务员。其制度主要有：《团总支工作职责入学生会工作职责》《团总支书记工作职责》《学生会主席工作职责》《秘书长工作职责》《学生干部值班制度》等。

4. 由各教学班制定的与大学生有关的制度

班集体是指把学生按照文化程度和年龄分成固定人数的班，以班为单位进行学习，开展教育活动的一种教育组织形式。班集体是学校最基层的教学单位，也是最基本的教育单位。一所学校由若干个班集体构成。班集体在学校教育中具有巨大的教育力量，有很强的教育功能。正如苏联著名教育家马卡连柯指出，对学生最主要的教育手段，就是良好的教师集体和组织完善的、统一的学生集体。他认为集体是有目的的个人集合体，参加这一集体的每个，人是被组织起来的，同时也拥有集体的机构。由此可见，班级的制度建设必不可少，也十分必要。班级制度如《班级文明公约》《值日制度》（班委会职责）《团支部职责》《党支部（小组）职责》《班长职责》《团支总书记职责》《学习委员职责》《体育委员职责》《生活委员职责》《文艺委员职责》《组织委员职责》《宣传委员职责》《学生外出校园互相告知制度》等。

二、当前大学生管理的模式

（一）"一元制"管理模式

即学生的传统管理模式，是"校—院（系）—班"单线式的"一元制"管理模式（图 2-1）。这种模式以校分管领导（一般是校党委副书记、副校长）为第一层级，以学生班级为终端组织，管理工作大多数是通过班级来开展、落实和实现，学生班级是学生学习、活动的基本单元和主要场所，发挥着较强大的功能与影响力；管理主体主要是高校中的专门机构、专职人员以及临时性的参与学生管理的人员。高校是主动的教育者和管理者，而学生则是被动的受教育者和管理客体。这种传统的单线式的"一元制"管理模式在大学生实际管理中是比较严格的封闭式制度管理，对学生的教育管理仅仅局限于在"校—院（系）—班"单一的教学系统之中进行，大学生管理主要依赖于传统的行政命令式管制。

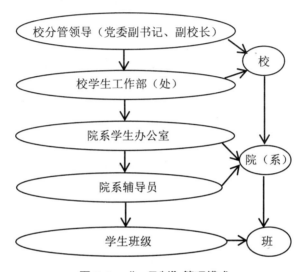

图 2-1 "一元制"管理模式

"一元制"管理模式在我国高等院校大学生的管理工作中发挥过一定的作用，保证了高校正常的教学秩序良好、生活秩序井然，但是随着高等教育大众化进程的不断推进，这种僵化的、刻板的、严肃的管理模式的弊端日益凸显，它在很大程度上忽视了大学生自我教育和自我管理能力的培养以及社会管理的参与，极大地限制了大学生管理资源的扩展，束缚了大学生个性的充分发展。

（二）"两元制"管理模式

大学生"两元制"管理模式是一种将大学生公寓作为重要场所进行学生管理与思想政治教育的方法。在这种模式下，大学生公寓被分为两个区域，即生活区和教学区。大学生白天在教室学习专业知识，晚上则回到寝室休息和学习生活技能。这种模式将大学生公寓转化为一个学习和生活的综合性场所，使得学生在课堂之外也能够接受到全面性的培养和教育。大学生"两元制"管理模式通过将公寓转化为一个学习和生活的综合性场所，注重学生的思想政治教育和管理，实现了学生全面发展和综合素质的提高。

"两元制"管理模式是在继承原有的"一元制"管理模式的基础上，将大学生公寓作为大学生群体管理的另一个系统，即形成"校—院（系）—班"管理系统与"校—社会化机构（后勤集团）—宿舍"管理系统两个系统并举的"两元制"管理模式，两个系统进行合理分工，"校—院（系）—班"管理系统以学籍管理和学术性事务管理为主，"校—社会化机构（后勤集团）—宿舍"管理系统以日常管理和日常思想教育管理为主，加强在生活场所中对大学生的思想教育和管理。"两元制"管理模式将大学生的管理重心逐步下移到学生公寓中去，把学生公寓变成对大学生进行思想、素质教育与管理工作的阵地和载体。大学生公寓管理机构直接面向大学生，在宿舍开展教育管理活动。这样就形成了对大学生学术方面的宏观管理与日常方面的具体管理双向结合的管理模式及运行机制。

"两元制"模式的管理主体除了高校内部的专门机构、专职人员以及临时性的参与学生管理的人员外，日益社会化、企业化运转的机构—高校后勤集团中参与大学生服务供给的管理人员等也理所当然地成为管理主体之一。社会化人员的参与，一方面可以缓解高校以增设部门机构与增添工作人员的方式来应对日益扩招增加的在校学生数量；另一方面也可以让高校投入更多的精力与时间来关注大学生学习能力的培养与提升。

第二节 我国大学生管理存在的主要问题

一、管理制度问题

（一）管理程序不规范或缺位

高校在法律层面究竟是怎样的角色，看似简单的问题却难以回答，这也直接导致高校在进行学生管理实施过程中处在尴尬的地位。高校本身不是法律制度的仲裁部门，本身不具备法律处分权力。高校遵循和制定的学生管理制度应该属于行政管理的范畴，但是在当今政治体制改革呼声很高的情况下，高校的去行政化呼声也很强烈。在这样模糊混乱的高校定位条件下，高校在学生管理过程中开出的"罚单"究竟具有多强的效力成为人们质疑的问题。这主要集中在管理权限不清晰、管理程序不规范，从而引发学生与学校管理之间的纠纷，甚至最终运用法律手段得以解决的案例，而往往以学校败诉为结果，其原因就在于学校管理执行上由于程序不合法缺乏法律效力。

（二）管理交叉或管理缺失

由于当前我国大学生管理制度仍然处于建设阶段，在很多方面还存在不健全之处，导致的后果就是缺乏有效合理的指导。在具体管理过程中人们往往依据自己的主观判断来断定这件事情是否在自己的职权范围内，这主要是由权限不明造成的。每个部门的工作人员都有自己的权限要求，在程序管理程序执行的具体操作中，往往容易产生合作不力即各管理部门之间的职权范围不明确，在当前学生问题向着复杂性和综合性发展的趋势下，单独依靠某一部门已经很难彻底解决学生的实际问题，但实际上相关部门联动运作的少，相互推诿的多，未能从根本上达到服务学生的宗旨。这主要是学校学生管理工作缺乏统一的组织协调，缺乏借鉴管理学上的组织经验，各部门缺乏对学生管理的工作交流。

（三）重管轻教影响学生人格培养和全面发展

长期以来我国教育理念集中在严抓严管，从严治教的管理理念当中，对学生的个性化发展缺乏关注，对学生的引导性教育也缺乏理论支持，所以学生长期在一种高强度的环境下被管理，也造成了一提到"管理"就有不好的印象的状况。这种重管理轻教育的管理模式是由历史上我国教育管理理念的缺失和落后造成的。在传统教育理念中，往往以严厉的管教作为教育的主要方法，认为只有严格要求学生才能学到知识，记住应该遵守的学习法则。但这种灌输式的传统教育理念已经不适合当今社会的时代发展，但是在我国教育管理工作中还存有部分残余，这种残余的表现形式无法明显的表露出来，而是在改革和向现代教育理念变化的过程中，由于原有教育理念的根深蒂固和新教育理念实行初期的不适应导致残余传统理念的流露。表现为在制度实施过程中，主要依靠制度规定中关于做某件事情的处罚措施加以管理，而不是通过制度保障，让学生在发生问题之前，通过心理疏导等方式对进行干预，做到及时纠正及时教育。

（四）缺乏完善的制度实施监督评价激励机制

制度实施的结果是通过完善的监督、评价、激励机制来实现的。制度实施状况分析是一个动态的监控过程，只有在实施的过程中动态的进行监督，才能在第一时间发现问题并作出判断。监督作为较为被动的制度实施保障措施，目的在于尽量不出现问题或是在出现问题之时进行解决，主动的制度实施保障措施旨在调动制度实施的参与者，引导他们向着正确的制度实施方向发展。主动式制度实施保障措施包括制度实施评价和制度实施激励。制度实施评价是阶段性的对制度实施的方式、方法、效果进行综合评估评判。国家中长期教育改革和发展规划纲要中指出，要完善督导制度和监督问责机制，强化对政府落实教育法律法规和政策情况的督导检查。建立督导检查结果公告制度和限期整改制度。

（四）管理体制复杂，管理机构之间职能重叠

由于我国大学生事务的机构设置有差异，大多数学校由学生（部）处、团委主要负责学生工作，教务处、后勤处、宣传部、工会等部门配合相关事务，也有学校单设招生就业处，这些都是学校里的平级单位，工作中存在职能重叠，工作职责不明确，相互推诿，工作效率不高，不利于学生工作思想的统一和工作的协调等问题。

学校层面，学生工作处、团委、就业指导中心、勤工俭学中心等部门已初步形成管理链条，但这些机构在直接面向学生服务的同时，主要任务是管理和协调各院系学生工作。学生工作在院系一级又被整合为"块"，学生工作办公室面对学生班级和个人执行全部学生工作。这种体制的优势在于学校和院系层面都可以直接面对学生，条块结合。在基层以党支部、团支部、班级为单位，将经济资助、心理咨询、就业指导、文化建设等工作结合起来，事无巨细，面面俱到。但另一方面，这种条块式管理建制不够清晰，学校和院系对同一工作共同管理，职责不清，容易相互推诿，造成人力和资源的浪费，不利于学校工作的统一。同时在块状管理上，各院系学生办公室承担着全部的学生事务，管理范围宽泛，对工作人员来说，要具备多方面的知识和技能才能较好地胜任工作，而基层学生管理人员工作繁忙、琐碎，无暇学习业务知识，工作效果不理想。

二、管理手段问题

（一）管理概念不明确，工作范围不清晰

多年来我国大学生管理工作以政治思想教育为主，政治思想工作曾经

成为学生管理工作的代名词，直到目前，我国大学生思想政治教育、大学生管理工作、大学生事务管理没有很清晰的概念与工作界限。广大的学生管理工作者正试图将学生管理工作纳入学生事务管理的轨道，而政治思想教育应该贯穿于学生事务管理工作的全过程，思想政治教育不仅包括人生观、世界观、价值观教育，还应该包括公德教育与养成教育，包括心理健康教育。学生事务管理应包括除学术事以外的与学生发展有关的一切事务。根据这个概念，我国的学生管理工作外延将会扩大很多，原来与学生管理工作平行的学生宿舍管理、医疗服务等都将纳入学生事务管理范围。这样有利于高校各部门之间的协调；有利于共同为学生创造有利于成长的环境；有利于我国大学生事务管理工作向专业化、职业化发展。管理制度和管理效率才能进一步提高，才能显示出大学生管理工作的教育意义，为学生的发展和全面成长提供支持与保证，为我国社会主义现代化建设培养优秀人才。

（二）缺乏完善的行业规范

美国大学生事务管理规范性、制度性强。全国性教育组织在学生事务管理领域制定了一系列指导文件和工作准则，作为学生事务管理的基本规范，对学生事务管理思想与管理原则做出宏观指导。1937 年，美国教育总署发布了《学生人事宣言》，1949 年又对它进行了修正。1987 年美国"全国学生人事管理者协会"发布了《学生事务观》，《美国高校学生事务管理人员行为规范》《美国高校学生事务管理人员伦理标准》《学生服务手册》《学生事务应用手册》等，这些规范性文件，对形成稳定的学生事务管理制度有重要的影响。此外，各高校在联邦政府、州政府的法律框架内，制定了非常详细的学生事务管理制度，保证了学生事务管理的有序、规范和高效。

我国对高等教育目标、高校大学生思想政治教育、大学生管理工作尽管有各种各样相应的意见和规定，但由于我国大学生事务管理正处于起步时期，对学生事务管理缺乏行业标准和规范。2006 年 7 月教育部颁发的《普通高校辅导员队伍建设规定》可以说是这项工作的起点，但与美国诸多《学生人事宣言》《学生事务观》，《美国高校学生事务管理人员行为规范》《美国高校学生事务管理人员伦理标准》《学生服务手册》《学生事务应用手册》等相比，制度的规范工作还需不断完善。与 1949 年美国教育总署颁布的《学生人事宣言》相比，我国相关规定对学生事务管理人员的工作要求不够详细，可操作性也不够强。同时我国大学生事务管理还没有职业化，行业协会等组织的建立与行业标准的指导作用也远远不够。

（三）管理工作者的工作效率不高

我国学生辅导员是学生管理工作的基层人员，一方面，由于我国学生管理工作不是以线为主的链条式管理，从我国学生辅导员工作的内容上看，他们从事的工作方方面面，事无巨细，很难说每个辅导员具体在干什么工作，他们每个人都要做与学生有关的所有事务，这对辅导员的工作能力要求就非常高。事实上一个人不可能对所有工作项目都熟悉，这样在实际工作中很多人往往感到力不从心，只做自己擅长的一部分工作，对其他工作就只能敷衍。另一方面，各学校因重视学生工作程度不同，在辅导员人员安排上，有些学校要求具有本科或研究生学历，有些学校将没有受过高等教育的不适合其他岗位安排的人员安排在学生管理岗位上，人员素质参差不齐，这些人不了解大学生的思想动态，不了解大学的学习状况，本身思想素质和综合能力就存在缺陷，无论在学生思想引导或学业帮助上都不能胜任。近几年，很多学校已经充分认识到学生工作的重要性，岗位的准入标准大大提升，这对改善学生管理工作提供了人员保证。因为每个辅导员的工作繁杂、琐碎，工作任务繁重，他们很难有充足的时间学习教育学、心理学、管理学等与学生管理工作息息相关的业务知识，工作中全凭个人经验，工作效果大打折扣，工作的效率也不高。学生辅导员工作繁重、琐碎，学生工作没有科学合理的评价体系，辅导员的工作效果难于衡量，加之我国对辅导员工作性质的认定长期在管理人员与教学人员之间徘徊，各学校根据自己对学生工作的重视程度对辅导员职称系列进行认定，整个社会对辅导员工作没有合理的认可，这些是造成学生辅导员职业思想不牢固，工作热情不高，管理效果不理想的因素，也是学生辅导员人才流失的一个重要原因。

（四）管理经费得不到保障

我国高校学生管理经费主要来源于政府和学校拨款，少数学校获得企事业单位的赞助作为学生奖学金；在学生宿舍建设和管理上实行社会化尝试，但这种尝试也带来了相应的问题，如学生宿舍建设质量存在问题，影响学生生活质量，建设单位和学校之间债务关系复杂，学生宿舍管理社会化不能有效发挥它的教育功能等，因此学生后勤服务社会化并没有像几年前提倡的大力推进；近几年学生社会参与意识加强，在学生活动经费方面也有利用外联获得企业赞助，这略微缓解了经费的紧张状况。但我国高校学生事务管理经费主要来源单一，没有充分利用各种资源。学生事务管理经费得不到保障，严重影响学生管理工作的效果。

（五）服务型管理机构太少

我国高等教育正处于转型时期，近几年少数高校已逐步开始实行自主招生，各省的高考方式改革也正在实行试点工作，高考的选拔功能将逐步弱化，高等教育必将走向自主招生，宽进严出的局面，高校也必将走向全面竞争的局面。大学生事务管理的水平将代表一个学校的管理水平，在办学中占有重要地位。学生事务管理水平很大程度上取决于对学生服务的水平，学生对学校服务的满意度也是学生选择学校的重要指标。各高校应积极筹办服务型机构，如就业服务中心，学业指导服务中心，健康服务中心、残障学生服务中心、生活服务中心等，在为学生提供详尽服务的同时，将人本理念贯穿其中，共同创设一个适合学生全面成长的环境。

（六）缺乏学生和社会各界的有效参与

我国大学生管理工作长期封闭于校园，成为各高校独立的工作体系。在学生各项管理制度制订过程中，没有充分考虑学生的利益与要求，几乎不征求学生的意见和建议，各项规定以如何"管理"和"控制"学生为目的，没有充分考虑发展学生个性，给学生一个宽泛的环境。这使学生管理规定与学生处于对立的地位，不能充分发挥学生自主管理、自我控制的能力，对培养学生的独立精神和责任感都有不利影响。

各高校在学生管理工作中，也几乎不考虑社会与学生家长的要求，几乎不征求学生家长的意见，学校与学生家长和学生不能形成有效的合力，共同为学生的全面成长提供支持。学校也很少考虑利用社会各界的力量，为大学生的全面成长提供有利环境。如可以聘请社会精英力量担任学校荣誉辅导员，定期对学生进行人生规划的指导，促进学生了解社会，形成学生自我提高的动力。学校也应该多和企事业单位加强联合与合作，建立长期的固定的学生社会实践基地，为学校培养人才寻求广阔的渠道和支持。

第三节 优化当前高校大学生管理的主要路径

近几年来，中国共产党和中国政府都十分重视高校大学生管理，先后颁布了一系列的文件，主要包括：2000 年 7 月，教育部印发《关于进一步加强高等学校学生思想政治工作队伍建设的若干意见》的通知；2017 年 9月，教育部令修订了《普通高校辅导员队伍建设规定》；2000 年 4 月，教育部发布了《教育部关于加强和改进研究生德育工作的若干意见》等。我国高校的主体也在发生变化，"00 后"为高校大学生管理面临许多挑战。为此，各大院校也在积极探索新的学生管理理念和模式，并努力完善学生管理体制。由于高校主体变化为"00 后"大学生，大学生需求特点也发生变化，原有大学生管理出现一些问题，本文相应提出优化大学生管理措施。

一、优化学生管理理念

（一）牢固树立"以学生为本"的理念

"学生为本"的思想是"以人为本"思想在高校大学生管理中的具体体现。"学生为本"就强调了，大学生的主人翁的地位，强调了其核心的地位。各个院校在大学生管理的全过程中要始终坚持大学生是管理主体的思想，以满足大学生的需求作为各项工作的归宿，为学生所想，为学生所急。

深入了解大学生的想法、特点和需要，这是高校大学生管理的基础，是彻底贯彻执行"学生为本"理念的基础保障。深入了解学生，那就要积极给予学生关心和关爱，在管理过程中要让学生感觉到受到了尊重和爱护，并且自己的需求得到了满足，自己关心的问题得到解决，自己的各项能力得到提高。大学生要具备思想意识，才会在行动中表现出该思想内容，因此，高校要加强大学生管理人员的管理理念，在管理过程中真正做到为学生所想，为学生所急。"以学生为本"的思想对各个院校的大学生管理有着十分积极的影响。

我国高校大学生管理具体从以下两个方面体现了"以学生为本"理念。

一是，学生管理应将学生作为价值主体。各院校要转变观念，明确在学校里，无论是学术方面还是其他方面，学生都处在主体的地位，老师处在客体地位，不能将主客体颠倒。目前高校大学生不再是"95"后，而是

"00"后甚至"05"后，他们希望在大学时期会有新的变化，从而呈现出新的需求：得到职业发展指导、身心健康发展等。因此，面对高校大学生管理新的主体、新的需求，各院校学生管理不能再坚持以往的统一化、模式化的管理，只是将大学生在管理过程中看作是一味地执行学校的安排，接受学校给的各项任务的接收者，而是将大学生作为管理主体，深入学生之中，对学生有一个详细、全面地认识，想学生之所想，解学生之所急。换位思考，从学生角度看问题，促进管理的高效、便捷的同时也促进学生的差异化发展。

二是，学生管理还应将学生作为权益主体。学校的扩招、学费的增加，高校的大学生也变为了高等教育的消费者，大学生管理也不能一味地强调管理，而忽视了服务。因此，服务的意识应该深深扎根于高校大学生管理者的心中。大学生管理者应将自己视为给学生提供方便和帮助的服务人，只有这样，学生才处于主体的地位，与此同时，学生也是学生管理中的受益者。学生管理者是传播"以学生为本"的理念的主力军，只有他们真正成为服务人，该理念才会扎根于院校的各项管理中。学生管理要密切联系学生，一切从学生实际出发，解决好学生最关注的问题，才能为祖国培养出优秀的人才，实现中国百年目标，实现中国梦。

（二）牢固树立以法管理的理念

二十大报告指出，"全面依法治国是国家治理的一场深刻革命，关系党执政兴国，关系人民幸福安康，关系党和国家长治久安。必须更好发挥法治固根本、稳预期、利长远的保障作用，在法治轨道上全面建设社会主义现代化国家。"[①]全面依法治国不可能一步到位，也是短时间内可以实现的，而是一个长时期的工作。该工作最基本的就是坚持推进全民普法和全民守法，不断地宣传法治的理念，开展法治教育。两次会议也都提出，青少年要具备法治的意识，将法律走进学生的课程。大学生是青少年价值观的形成、发展和成熟的关键时期，高校要积极响应国家依法治国的号召，承担以引导青少年成长、成才的任务，推进大学生法治教育。

加强高校的法治教育、法治宣传，基础在基层，工作重点也在基层，

---

① 习近平. 高举中国特色社会主义伟大旗帜 为全面建设社会主义现代化国家而团结奋斗——在中国共产党第二十次全国代表大会上的报告（2022 年 10 月 16 日）[R]. 人民日报，2022-10-26（01 版）.

所以树立法治理念最重要是各个院校要具有高素质的人员队伍。各个院校要加强法治的教育，培养大学生管理人员的法制思维，促使大学生管理人员将法制方式运用到管理的中去，使学生管理过程和结果充分体现法治理念，这样也将法治理念积极渗透到高校的大学生中，做到法治教育和宣传效果，真正意义上实现全民守法。

坚持用马克思主义法学、中国特色社会主义法治理论全方位占据各个院校，加强各院校工作者和学生的法学基础理论研究。坚持立德树人、德育为先导向，推动中国特色社会主义法治理论进教材、进课堂、进头脑，培养造就熟悉和坚持中国特色社会主义法治体系的中国特色社会主义事业的建设者。

二、优化学生管理内容

（一）切实加强大学生心理健康教育

21 世纪，科技的发展、文化的交融与经济的进步塑造了追求多元化的大学生，近几年，高校大学生心理问题突出，表现出抑郁症、焦躁症、自杀等问题，高校面对这些现象，需要在大学生管理中积极地关注大学生的心理需求，加大对大学生的心理教育，同时完善相应的基础设施，促使大学生的心理更加健康发展。

心理健康教育已经纳入到我国高等教育人才培养机制中，面对我国高校大学生心理问题突出的现象，学校应重视和加强心理健康教育，根据 2011年 5 月，教育部办公厅关于印发《普通高校学生心理健康教育课程教学基本要求》，各院校应积极开展心理健康教育基础课程，让学生对基础心理学有充分了解，知道心理咨询对于大学生的学习生活和今后的人生道路都有深远的影响。因此，建议高校开展"心理学与自我成长"的课程。

首先，该课程要求任课老师为心理学专业的老师，应是学校心理咨询的专门教师，这样可以让学生深入了解老师，信任老师，有益于学生对心理问题的咨询。

其次，课程的主题和教学的内容应根据学生需求来确定，要以学生为本。任课老师在课堂上讲授的内容要根据学生的需求特点有计划地来制定，在课堂上不仅抓住大学生的眼球，还加强了大学生对知识掌握的熟练程度。为了更好地了解大学生的需求，为下一次课程内容提供建议，使教学内容更好地贴合大学生的生活，老师在课程结束后要做好针对课程教学内容的教学效果的满意度调查统计，满意度调查表中的调查内容要根据本次课程的具体内容而制定。心理教育是面向全体学生的，在进行心理教育的时候要注意有针对性的进行，针对大学一年级的学生要侧重于适应性和自立能力的培养；针对大学二年级的学生意志力的提高，团队精神、责任感的培养；针对大三、大四年级的学生，则注重就业心理健康的指导。

最后，学校心理咨询室在课程结束后召开课程建设研讨会深入研讨课程教学问题。要根据研讨结论，积极归纳出课程中存在的缺陷，积极地进行调整，有针对性的解决缺陷，加深学生对课程的接受程度，从而使大学生的心理课程的教学质量不断地得到提升。

心理咨询是专业心理咨询师帮助来访者自我成长的过程。高校心理咨询是特指在学校这个特定的系统内所发生的心理咨询活动，是学校的咨询人员用心理学的理论和方法，对在校学生有关学习、发展、适应、升学和就业等问题进行帮助，并对轻微的心理障碍进行诊断和矫正的过程，是受过专业训练的咨询员致力于与求询者建立良好的咨询关系，协助学生认识自己、接纳自己、进而欣赏自己，以至克服成长中的障碍，重整人格，充分发挥个人的潜能，走向自我实现的过程。心理咨询的基本目标是学生能够适应班级、家庭、社会环境中正常生活，心理咨询的最高目标是学生拥有积极的自我意识、良好的人际关系、客观对待挫折、从挫折与打击中奋起的能力。

根据心理咨询的介绍可以看出，开设心理咨询室对大学生的心理成长有非常重要的作用。心理咨询主要是通过改变大学生的心理状态，形成良好的心理环境，提高大学生面对身边变化环境的承受能力和适应能力，帮助大学生健康、快乐、自信的成长。目前，我国高校均开设心理咨询室，但是存在咨询室基础设施缺乏、咨询老师专业性欠缺等问题，因此，高校要不断完善心理咨询室，提高心理咨询室人员的专业素质，由兼职老师变为专职老师，这样咨询老师可以全身心投入到学生心理咨询室工作中，对每一位学生完成预防、治疗、追踪完整的心理教育过程。专职老师与大学生进行心理咨询的工作，可以帮助咨询老师全面、深入了解大学生的基本情况，帮助老师更准确找到大学生苦恼事件产生的根本原因，第一时间采取积极有效的咨询方案引导学生，帮助学生认识自我，稳定自己的情绪，形成良好的人际关系，给大学生营造一个健康、快乐的心理环境。

大学生心理档案的建立也是高校帮助学生心理健康发展要及时完善的

内容。在入校之初的心理普查结果作为大学生心理档案数据库的基础上，学校每年都进行一次心理普查，整理普查数据，总结普查结果，并且及时与辅导员就大学生日常工作进行沟通，根据沟通的结果完善大学生心理档案中不符合的信息，并且将统计数据和结果上报到学校数据库中。心理咨询中心应该设置一定到的激励机制，根据各学院数据库完成情况进行表彰，激发各个学校参与学生心理档案建设工作的积极性。对于心理出现问题的学生，辅导员要及时同大学生进行沟通，并劝说到心理咨询室。高校大学生心理档案建立的全过程要时刻注意对大学生信息的保密工作。

学校在进行大学生心理宣传、心理教育时，同时应注意心理教育的方式，结合"00 后"大学生的需求特点，因材施教，用学生喜闻乐见的形式达到心理教育的目的。

（二）切实加强大学生职业生涯指导

大学生对自身发展的需求非常强烈，突出的表现就是对自己就业指导需求的强烈，尤其是对职业生涯规划需求最为强烈。目前，学生工作部（处）负责普通院校学生职业生涯规划，具体到部门就是大学生就业中心。虽然，高校设立专门的部门，但是学校对职业生涯规划的关注度不够，没有充分考虑到大学生对此方面的需求。面对就业的强大压力，不仅是毕业生感到迷茫和困惑，其他年级的学生也感到恐慌，所以迫切希望学校可以提供职业发展咨询。

职业生涯规划不是对个人职业做出的阶段的、静止的简单规划，它是在对个人的客观条件进行理性分析、总结的基础之上，结合个人的爱好、兴趣、能力等多个方面进行综合分析后，在根据个人的职业倾向，而最终确定的个人的职业奋斗目标。这是一个动态的、连续的发展过程。职业生涯规划的任务就是指导者通过观察，掌握个人职业行为、职业意识、职业发展各阶段等客观基本情况后，根据个人的情感、知识、技能、价值观等主观因素，进行全面综合分析，制定出符合个人实际情况的职业发展目标，并且根据实际情况进行调整和改进。

我国高校的就业指导表现为短期的就业培训，只是针对毕业班的学生开设课程，即在学生毕业前的一个学期或者两个学期时开设课程，这样的就业指导不利于学生形成完整的职业规划。美国著名的职业指导专家金斯伯格将职业生涯的发展划分为了三个阶段：幻想期——十一岁之前的儿童、尝试期——十一岁到十七岁时期、现实期——十七岁之后的青年时期。我国高校大学生正处于现实期的早期。这个时期，学生初步认识了解了自己的实际情况，根据自己的客观情况，将其与自己的职业愿望相结合，并基于自己的职业倾向，选择适合自己的职业。因此，高校大学生职业指导课程应贯穿于大学每一个学期，并建立网络、电话或者现场职业指导咨询室，更好指导学生完成自己职业规划。

目前，我国高校的大学生职业指导主要涵盖了以下几个方面：一是就业分析报告。二是日常职业指导咨询服务。三是职业指导讲座组织。四是就业指导咨询活动。经过实践证明后的结果是最有可信度的，就业分析报告是开展大学生就业指导的基础和重要的理论来源，同时也能直观的让学生了解不同专业的就业形式、就业方向……学校整理就业分析报告的数据在具备"新"的同时也要具备"广"，所谓的"新"就是指搜集的数据为最近 3~5 年的，形成的分析报告更加准确，增加报告的可信度；"广"是指分析报告要涉及不同行业和领域，形成更加全面、更加科学的职业指导。学校在进行日常职业指导咨询服务时，要树立服务意识，作好咨询登记工作，根据同学生选择不同的指导途径，提供适合他们的职业指导规划。与此同时，学校应针对学生需求组织职业指导讲座，进一步加深学生对职业选择的认识。职业指导的最终目的是引导和帮助大学生选择适合自己的职业，完成就业。因此，不能轻视就业指导咨询活动的作用，学校要积极进行就业指导课程，提供全面的就业信息。

三、优化学生管理主体

完善"教师、辅导员、班主任"的管理模式高校的思想政治工作是一切工作的基础和保障，思想政治工作在大学生管理中作用十分重要。目前我国高校大学生管理中的学生管理主体较为单一，主要是辅导员承担学生管理工作重任。而根据对"00 后"大学生的问卷调查表明，大学生有自身思想发展的强烈需求，因此，仅靠辅导员担任学生工作已经不能满足当代大学生的发展需求，高校要完善"教师—班主任—辅导员"三位一体的管理模式。

学生管理好坏的衡量标准是，教育是否遵循受教育着自身的身心健康发展的一般规律，好的学生管理者会针对不同的受教育群体身心发展规律采用科学的、合适的方法去反复教育、强化教育。高校要做好学生管理工作，需要教育者深入到课程、班级和宿舍中全方面的了解学生，经常同学生交流、谈心，掌握大学生思想和行为倾向的第一手资料，有利于大学生管理中工作人员及时发现大学生的问题，并且及时解决这些问题。2017 年 9 月，教育部修订了《普通高校辅导员队伍建设规定》，我国高校辅导员的人数与辅导员指导的学生人数的比例为 1：200，一名辅导员全方位地关心、照顾 200 名学生的工作量实在太大、也不现实。

学生管理工作不仅仅是非学术性工作的重要组成部分，这也是学术工作中的重要工作，学生管理应贯穿于学校任何教育工作之中，转变为每一位教育工作者的职责。所以，要完善"教师—班主任—辅导员"三位一体的管理模式：教师关注学生课程中思想状况、班主任关心学生班级中思想状况、辅导员关心学生宿舍中思想状况，并且教师、班主任、辅导员定期进行沟通、交流。

辅导员并不是万能的，有属于自己的岗位职责和工作范围，为保证学生管理工作的顺利进行，促进学生全面发展，需要其他老师的帮助。教师走进教室不单单只是将课本中的知识教授给学生，更重要的是在传授书本知识的同时，告诉学生一种正确的价值观念、道德规范。辅导员在完成本职工作的同时，也要积极关注学生的学习和生活情况，留意学生的思想变化，利用课余时间多与学生沟通、谈心。这样通过多方位的交流沟通，可以对每一位学生有一个较为全面、深入地了解，有助于及时发现学生的问题，并及时引导学生解决问题，促进学生健康、全面发展。高校完善"教师—班主任—辅导员"三位一体的管理模式，有助于大学生思想发展需求的满足，有助于大学生管理高效地进行。

（二）加强学生管理人员的专业化

当前，课外活动和非学术性的事务是我国高校大学生管理的两个主要途径，大学生管理通过这两种途径，达到教育学生、管理学生各项事务的目的，促进每一位大学生的成长、成才。随着我国教育改革步伐的不断深入，高校大学生管理内容也在不断充实。目前，学生日常管理，还增加了学生心理健康管理、奖励资助管理等，大学生管理的范围越来越宽泛，所承担的责任也越来越重。大学生管理内容中不乏许多专业教育的内容，这就对大学生管理者提出了要求，一些教育内容需要专业人员来进行，如心理健康教育、就业指导等。因此，高校大学生管理要不断加强教师的专业化。

高校大学生管理人员要不断提高专业化，首先要明确学生管理工作的岗位职责。岗位职责内容的确定是专业教师进行大学生管理的前提条件和基础，明确专业教师在大学生管理工作中的定位，以及明确专业教师在大学生管理中的地位和他们所要承担的责任。岗位性质、工作内容、任职要求、承担责任的明确化是大学生管理高效进行的前提和保障，为大学生专业化管理指明了方向，引导学生管理人员不断完善自身能力。高校应进一步细化岗位职责说明，真正做到"法无授权不可为"来规范大学生管理人员的权利，同时也做到"法无规定皆可为"，形成为学生服务的意识，树立"以学生为本"的理念。

其次是对大学生管理人员的培训。大学生管理人员应对自己有一个职业规划只有明确自己职业规划，培训的内容才会有针对性，培训效果才会达到最佳。学校在制定发展规划时，学生管理人员的发展规划也包括在学校发展规划之中，具体包括了学生管理人员的长期发展目标、中期发展目标，并且学校应对此给予高度的重视，注重人员的开发和管理。因此，学校可以根据发展规划和学生管理工作人员的意愿组织培训。学校同时还要进一步完善学生管理人员的培训机制，一个好的机制是一切工作的基础和保障。学校除了自己组织培训以外，还是积极鼓励学生管理人员根据自己的工作岗位内容和自己的职业生涯规划有目的、有计划地进行自我培训，不断充实自己、完善自己，更好地服务于学生，帮助学生全面发展，努力培养出高素质、复合型人才。

高校大学生管理面临着许多挑战，大学生需求在不断变化，大学生管理也要不断调整，教育深化改革的路上还需要国家给予支持和帮助，在国家教育相关部门、社会和学校的共同努力下，加强大学生管理人员专业化，完成向社会输送高素质、高复合型人才的任务，提高教育水平。大学生管理是一项全面而系统的管理工作，旨在促进大学生的全面发展和成长，提高他们的综合素质和竞争力，为他们未来的发展和成长奠定坚实的基础。

四、优化学生管理途径

（一）充分发挥网络信息化平台的作用

21 世纪，现代信息技术的应用，不断更新的计算机与光纤信息网络及卫星远程信息网络将整个世界连在一起。高校大学生管理途径要顺应时代的发展，充分发挥网络信息化平台的作用。当代大学生希望获取信息更加方便快捷，随时随地可以获得，尤其是对于学校信息、专业信息等，因此，学校需要针对学生需求完善学生信息系统。

一是个人信息的完善。根据之前学生管理的经验，总结学生入学至毕业需要个人基本信息，在大学生入学之初将个人基本信息登记完毕，之后根据政策调整需要搜集新信息时，在及时调整学生个人信息内容，避免了根据不同部门不同要求间断地搜集学生相同内容的个人信息的现象出现。另一方面是，方便学生获取信息。大学生通过登录学生帐号进入学生信息系统，除了获取本人基本信息和成绩以外，还可以获取两方面的信息：一是专业知识信息；二是学校最新通知。学生登录学生信息系统获取专业知识信息，是指获取学生所学专业课程相关内容，涉及一门课程介绍以及本学期课程进度表、本节课程的教学内容以及课程作业、下一节课程内容及需要学生准备内容等，有利于学生查漏补缺，巩固学习内容，同时在网上完成作业，老师可以对学生作业存在问题有针对性指出，有利于学生知识加深。

二是学校最新通知的获取。学生登录系统可以了解学校最新发生的事情，学生管理过程公开、透明，利于学生对学校事务的了解，便于学生事务的高效办理。这样的学生信息系统的建立和完善不仅需要学生工作处，建立和维护大学生信息系统，同时还需要全校老师积极配合，每一学期前完成课程介绍、每一学期进行中及时将课程内容上传和更新、每一学期后在对学生作业进行考核评价。

微信建设管理的完善。通过对学生需求调查可以发现，学生获取信息的设备大部分是通过手机，目前大学生进行沟通交流的软件基本是微信，因此，高校可根据学生需求特点完善学生管理渠道，通过加强微信建设管理，建立学校微信公众号、院系公众号、班级公众号等，通过大学生喜欢接受的方式，推送时事新闻、社会热点话题、学校新闻趣事等，以加强学校思想政治教育、心理健康教育、学校文化传播等。与此同时，建立一个有关大学生管理服务的微信公共平台，通过该平台大学生可以了解办理事务的基本流程，同时大学生通过该平台可以就不明白的问题提出疑问、对学生服务提出建议等，学生管理部门在微信平台上提供解决措施和改进，这样就形成了学生与学生管理者进行沟通的良性循环，为大学生办理事务提供了说明和便利，也加快了大学生管理事项的完成速度。

高校各级部门利用好网络提供的有力平台，形成学校—院系—专业—

班级的四级网络平台，与大学生学籍相互联系建立相应的用户信息，大学生通过激活来实现在网络平台上管理。这样的网络平台有利于大学生思想政治的宣传教育和管理。大学生管理者在通过网络对学生进行传授现代科学技术知识的同时，也可以进行价值观念和意识形态等方面引导。

（二）切实加强大学生宿舍管理

大学宿舍是大学生生活的地方，是大学生最为放松和感到轻松的地方。大学生在学校基本上形成了宿舍—教室（图书馆）—食堂三点一线的生活模式，在这样的生活模式下，大学生在宿舍所占的时间比例是最高的，因此，学校大学生管理不仅仅只是在课堂、学生事务大厅、就业指导部等学校机构场所，更应该深入到学生最熟悉的宿舍开展管理活动。大学生管理走进大学生的宿舍，不会激发大学生发逆反心理，更有利于大学生接受管理、教育的内容。

我国高校大学生管理是按着传统的途径进行：学校—院系—班级。班级是该传统大学生管理中最低的一级，是大学生管理工作具体实施的基础场所，是进行大学生管理的基本条件。但是，随着教育的不断改革，改革更加深入、全面，结合大学生的需求特点，传统的大学生管理途径应该相应地改变，将学生宿舍作为大学生管理的终端。学生宿舍是大学生在校时期待得时间最长的地方，也是学生成长、交际的主要场所，宿舍的环境氛围对大学生的成长有着潜移默化的作用。因此，高校大学生管理要充分利用学生宿舍开展管理活动，尤其是思想政治教育管理。

高校大学生管理要顺应时代的发展，结合我国教育的实际要求，结合大学生的需求，在大学生管理中积极加入学生宿舍的管理这一重要的途径，在坚持传统的管理方式的同时，建立宿舍管理，学校进行管理的宏观控制，在大学生具体管理中将专业管理、班级管理、宿舍管理之间进行紧密的结合、协调进行各项管理活动，朝着共同的方向和目标努力。将大学生管理深入到宿舍，有助于学生问题的及时发现和解决，有利于将大学生管理的行为进行规范，有利于培养出更高素质的人才，体现出教育改革的好处，进一步激发大学生主动参与的积极性，促进高校大学生管理更加优化。

第三章　高校大学生行为分析
与群体管理研究

　　行为是一个人的思想状态和精神面貌的外在表现。对大学生行为的必要规范和管理有助于良好校风、学风的形成，有利于青年学生优良品德和行为习惯的养成。大学生群体组织是高校组织中的重要组成部分。对大学生群体组织的管理和规范有利于组织及组织成员特定目标的实现，有利于大学生自身能力素质的提升。因此，加强对高校大学生行为与群体管理研究，对对规范校园秩序、促进校园文化建设，促进文明风尚的形成，实现社会的安定与和谐具有重要的现实意义。

第一节　高校大学生学习与交往行为管理

一、大学生行为管理的内涵与意义

　　"行为"一词在《现代汉语词典》中的解释是"受思想支配而表现出来的活动"[①]。广义的行为是指一切可以观察到的、生物的、具有适应环境性的活动。狭义的行为是指人由于环境等外部因素的影响和刺激，内在的心理和生理发生变化所形成的外在表现。人的行为是在先天遗传的基础上，通过后天学习表现出来的，具有适应环境和改造环境的特点。

　　行为管理是随着西方工业化进程加快和社会化大生产的发展，企业劳动及劳动力构成发生变化，西方国家经济危机及劳资双方矛盾加剧应运而生的。以泰勒为代表的古典管理学派只把人当作"经济人"，忽视人的因素。梅奥的"社会人"假设奠定了行为科学的理论基础，以人为出发点，尊重人的因素，根据"需要引起动机，动机支配行为"这一基本原理，从人的需要、欲望、动机、目的等心理因素的视角来研究人的行为规律。

---

① 中国社会科学院语言研究所词典编辑室. 现代汉语词典第7版[Z]. 北京：商务印书馆，2016：1466.

对大学生行为的管理与引导是学校教育的重要组成部分。其原因主要有三个方面：一是学校作为公共教育机构，人才培养的一个重要内容就是促进学生个体社会化。学生只有在有秩序的环境中才能正常地学习与生活，因此他们遵守学习秩序，维护公共学习环境的行为本身就具有社会行。二是大部分学生的自觉理性尚在形成过程中，还不能绝对理智地支配自己的行为。他们的行为往往受到欲望、情绪等要感性因素的驱使，并受到外界的诱惑与利益的驱动，从而发生越轨行为。三是学生的正向行为若没有正确的价值观念引导，便无法促行为表现的长期性和稳定，也无法形成稳定的道德品质。

大学生行为管理的一项重要职责在于规范学生的日常行为，教育引导学生遵守学校纪律，促进健康和谐的校园环境与社会环境的形成。对于高校来说，通过有效的学生行为管理可以进一步促进良好教育秩序的形成，确保学校各项人才培养工作得以顺畅开展。对于社会来说，大学生最终要步入社会，他们的行为意识将会影响其今后的工作甚至整个人生阶段。重视行为管理，强化正确的行为意识，可以使其逐渐树立正确的道德规范，更好地服务社会，发挥大学生社会精英的作用。与此同时，大学生作为特殊的社会群体，其意识、行为受到国家和社会的广泛关注，对整个社会群体的行为意识会有一定的导向作用。因此，加强对大学生行为的管理和引导，对于保障高校乃至社会稳定都具有重要的意义。

二、大学生学习行为管理

大学阶段，学习是学生的首要任务，大学生的学习行为直接影响自身的成长与发展。因此，加强大学生学习行为的管理和引导，能够帮助学生培养积极的学习意识、掌握科学的学习方法、养成良好的学习习惯，为未来成长成才奠定良好的知识基础。

（一）大学生学习行为的类型与特点

《现代汉语词典》对"学习"的定义有两类，一是指从阅读、听讲、研究、实践中获得知识或技能；二是指效法。从学习的概念来看，广义的学习是指人和动物依赖经验来改变自身行为以适应环境的神经活动过程，它包括人的学习和动物的学习。狭义的学习是指人掌握人类社会经验的过程。

大学生学习行为是指大学生所开展的一切和获取知识、技能等目的相关的活动中表现出来的行为。从本质来说，大学生的学习行为是对于社会和自然的一个认识过程，是从无知到有知，从知之不多到知之甚多，从对社会和自然的盲目性认识到自觉性认识的过程。

1. 大学生学习行为的基本类型

（1）按学习动机划分。学习动机是推动学生从事学习活动，并朝一个方向前进的内部动力。学习动机和学习行为相互影响，一方面，人的学习需要一定的学习动机来维持。另一方面，学习动机需要通过具体的学习行为实现。按学习动机可将大学生的学习行为分为以下几种类型。

自我实现型：指大学生以实现个体的需要、兴趣、理想、信念、人生观等作为主要学习行为动机而开展的学习行为。对学习个体而言，这类学习动机属于内部动机，具有积极性、自觉性和主动性等特征。

知恩图报型：指学习行为动力主要来源于对父母、师长、社会恩遇的回报。这类学习行为主要以情感为基础，学习动机一般相对稳定。

谋求职业型：是主要以寻求理想的职业作为学习动力的学习行为。此类学习动机属于外部动机，往往会随着外部条件而不断发展变化。

应对考试型：是主要以通过考试、取得成绩作为学习动力而激发的学习行为。

（2）按学习方式划分。

教师引导型：大学生在大学阶段的学习行为主要由教师的引导、传授获得。但是与中学课堂上教师的教育方式不同，集中的课堂专业学习已难以满足学生发展的全方位需求，教师除进行直接的知识传授外，更多地扮演指导者和领路人的角色，为学生的学习行为指明方向、提供资源、分享经验、答疑解惑。

独立研究型：指学生通过利用网络、图书馆等学习资源独立开展学习和研究。

集体研讨型：指学生可以根据兴趣、爱好、专业的不同组成学习小组，集体进行研讨学习的学习行为类型。"独学而无友，则孤陋而寡闻"[①]，"三人行必有我师焉"[②]，大学生在学习过程中，除了在教师指导下进行专业学习外，还经常会组建以学习为目标的各种群体，通过朋辈交流开展学

---

① （西汉）戴圣. 礼记[M]. 北京：北京联合出版公司，2015.
② （春秋）孔子. 论语[M]. 北京：中国文联出版社，2016.

习活动。

（3）按学习结果划分。

美国教育心理学家罗伯特·加涅按学习的结果把学习活动分为五类。大学生的学习行为也可以从这一维度进行划分。

言语信息的学习：即学生掌握的是以言语信息传递（通过言语交往或印刷物的形式）的内容或者学生的学习结果是以言语信息表达出来的。这一类的学习通常是有组织的，学习者得到的不仅是个别的事实，而且是根据一定的教学目标给予许多有意义的知识。

智慧技能的学习：这是指学习者将利用符号转化成自身能力的学习，智慧技能并不是单一形式，它有层次性，由简单到复杂，包括辨别、概念、规则、高级规则四个层次。言语信息的学习帮助学生解决"是什么"的问题。而智慧技能的学习要解决"怎么做"的问题，以处理外界的符号和信息，又称过程知识。

认知策略的学习：认知策略是学习者用以支配自己的注意力、记忆力和思维习惯的有内在组织才能，这种才能使得学习过程的执行控制更加稳定。简单地说，认知策略就是学习者用来"管理"自己学习过程的方式。这种使学习者自身能管理自己思维过程的内在的、有组织的策略非常重要，是目前教育心理学研究中的热门课题。

态度的学习：态度是通过学习获得的内部状态，这种状态影响着个人对某种事物、人物以及事件所采取的行动。人的行动是受态度影响的，而且态度还是人的动作的结果，所以学校的教育目标应该包括态度的培养。

运动技能的学习：运动技能又称为动作技能，如体操技能、写字技能、作图技能、操作仪器技能等。

2. 大学生学习行为的特点

与一般的学习行为相比，大学生学习行为具有以下特点。

（1）自主性与依赖性并存。当前在高等教育学分制和弹性学制的背景下，大学生的学习行为具有鲜明的自主性特征。他们可以在完成规定课程学习的基础上自由选课，有较多的业余时间对学习目标和内容进行规划设计，有目的地开展学习活动。但是，大学生由于受到自身素质、知识结构、学习能力等方面的限制，一定程度上还需要在教师的指导下进行学习活动，其学习行为还存在一定的依赖性。

（2）专业性与广泛性并存。由于大学教育在培养目标、教学内容、课程设置上具有明确的专业划分，大学生的学习活动一般都围绕某一类专门性学科、依据专业的培养目标展开，其学习行为带有鲜明的专业性特征。另外，在大学课程体系中还包含外语、计算机等共同基础知识，伴随大学生学习活动的空间逐渐从课内向课外拓展，从现实向网络拓展，大学生除专业学习，还要根据自身兴趣爱好广泛涉猎、自主学习各种理论知识和技能。

（3）阶段性与整体性并存。从现实来看，大学生在大学学习的不同阶段，其学习目标和学习重点也往往各不相同。如本科生在大一年级时学习处于过渡期，还处于中学学习和大学学习的转换阶段，其学习行为多侧重对专业基础知识和公共基础知识的学习。进入大二年级，学生开始侧重进行各种专业理论和基本技能学习，这一阶段的学习行为往往呈现出一定的稳定性。到了大三年级，大学生的学习目标日益明晰，学习内容逐渐向纵深发展。围绕各自的目标，学生的学习行为差别趋于明显。进入大四年级，学生开始面对择业问题并即将走向社会，学习行为更具实用化、实践化的倾向，如进行专业实习、毕业设计、参加就业技能培训等。从整体上看，在大学生学习行为呈现阶段性特征，并且大学生的择业成才的学习目标相对确定、所学专业的学习内容相对稳定，学习行为始终围绕自身的学习目标和学习内容这一核心开展，因此也呈现出整体性特征。

（二）大学生学习行为的管理与引导

近年来，随着社会的发展和高等教育改革不断深化，大学生学习行为更趋于自主化、个性化，但也由此引发了一系列新问题。如部分学生仍以通过考试的应试动机为主导，学习行为缺乏主动性和创造性。为了盲目追求成绩，甚至出现考试作弊、论文剽窃等现象，这也对学校和个人造成了不良的影响。因此，加强对大学生学习行为的管理和引导，帮助学生摆正学习心态，明确学习目标，提升学习与创新能力，已成为当前大学生学习行为管理的当务之急。

1. 明确学习目标，激发学生深层学习动机

学习动机与学习目标是紧密联系的，任何学习动机都是出于学习目标的需要。对于大学生学习行为的管理引导，首要的任务就是帮助学生树立科学的学习目标、强化学习行为的目标意识，进而形成科学的学习动机。具体来说，一是要引导学生充分理解个人需要与社会发展之间的关系。能够将个人需要与社会发展相结合，树立科学的学习成长目标。具体工作中

要通过外在正面激励强化、职业发展辅导等方式，帮助学生认识到只有树立起明确的学习目标，才能在大学期间获得充分的发展。二是要充分激发学生的深层次学习动机。在当前大学生就业形势比较严峻的背景下，学生学习动机实用化、功利化是有其合理性的，但是学习行为的过分功利化，会逐渐导致学生失去学习的愿望和兴趣，甚至阻碍学生的发展成才。开展学习行为管理，要从每个学生个体的自身特质和兴趣爱好出发，通过唤醒学生的内在学习兴趣、激发求知欲，引导学生正确认识学业发展、树立积极的学习期望，从而挖掘学生的最大潜力，形成长期的学习动力。

2. 强化自主学习管理模式，提升学生自主学习能力

授人以鱼，莫若授人以渔。大学阶段的学习，传授知识固然重要，但更为关键的是培养学生自主学习的能力，为其未来走上社会、终身学习奠定基础。一方面，要有针对性地客观分析学生内在素质，进而针对学生个性特点和发展需求，制定合理的阶段性学习规划，对学生自主学习进行方法指导，如建立自主学习规范、制定大学四年学习规划、完善自主学习制度等。另一方面，可以探索自主学习与小组学习相结合的方式，改变学生在学习上习惯一个人单独学习多，而小组合作学习少的状况，组织学生进行合作学习，充分发挥集体智慧，促进自身学习能力的提升。此外，学校还要为学生自主学习提供充足的资源和良好的环境，不断丰富完善图书馆、网络教学等公共学习资源，积极为学生创造自主学习实践机会，让学生在实践探索中不断强化自主学习意识、提升自主学习能力。

3. 建立科学长效的学习奖惩机制，营造良好的学习氛围

学习奖惩机制是国家和学校人才培养方向的具体体现，对学生学习行为有着直接的导向作用，是确保学生学习行为健康发展的重要制度保障。一方面，以促进学生全面发展为指向，本着正面激励为主的原则，构建科学长效的学习奖励机制。对综合素质较高、专业学习优异、专长突出的同学给予充分的物质奖励和精神奖励，充分激发学生的内在学习动力和学习的积极性。学生学习行为自主化能够提升学习效率，但也由此引发了一些新问题，如部分学生仍以应试动机为主导，学习行为缺乏目标性。加强对大学生学习行为的管理和引导，帮助学生摆正学习心态，明确学习目标，提升学习与创新能力，提升学习效率，已成为当前大学生学习行为管理的当务之急。

三、大学生交往行为管理

交往是社会群体对于个体的必然要求，也是个体具有的社会群体属性的内在需要。在当今社会，交往能力日益成为一个人基本能力与综合素质的重要体现。因此新时期加强大学生交往行为管理和引导，对于大学生正确进行人际交往，促进其自身全面发展具有重要意义。

（一）大学生交往行为的类型与特点

"交往"一词的原意为"相互往来"，主要表示人与人之间的相互关系。从哲学意义上看，交往就是指人所特有的相互往来关系的一种存在方式，是人与人之间为了实现改造世界的目的，通过客体中介在开展的相互对话、相互学习、相互影响、相互创造的各种交往实践的过程中所形成的主体间关系。对于大学生而言，交往行为是其人际交往活动的具体体现。大学生交往是指在一定条件下，大学生与不同人群通过一定渠道进行情感交流、信息沟通、物质交换的过程。

1. 大学生交往行为的基本类型

从大学生成长过程上看，大学生交往行为是其走向社会化的关键环节。当前伴随着社会主义市场经济和高等教育改革的不断深化发展，大学生的交往活动更为复杂和广泛，交往对象、方式、内容、范围都发生了深刻变化。当前在大学生交往当中，主要可从以下几个维度进行划分。

（1）按照交往的对象划分。一是差异性主体交往行为，主要包括师生交往、学生与家人交往以及学生与其他相关社会人员交往。在高校，师生交往是差异性交往的一种主要形式差异性主体交往要求以交往共同体中的每一方都必须保持人格上的独立与平等为基本前提，同为交往过程的主体相互影响、相互作用、相互渗透。这种相互作用因为交融了两种"主观性"因而最复杂、最生动。二是相似性主体交往行为，主要指生生交往，即学生之间通过对话和活动而达成一致的交往活动。

（2）按照交往方式划分。主要包括口头交往、书面交往和网络交往三种。口头交往，指以语言交流为主要手段的交往方式。既包括面对面的语言交流，也包括通过电话等形式进行的语言交流。这种交往方式简捷、方便、准确，能够实现交往双方思想充分快速地交流沟通。书面交往，即以文字作为交往的主要手段，通过书信、文章等传统交往形式进行思想交流。

网络交往，主要指大学生通过互联网、手机短信等新媒体技术开展的人际交往行为。网络交往具有跨地域性、便捷性、虚拟性等特征，日益成为大学生开展人际交往的重要载体。

（3）按照交往的内容划分。主要包括学习交往、工作交往和情感交往等。学习交往是指交往双方以学习为目的而进行的人际交往行为。它一方面包括学生之间通过课堂上的相互讨论以及课外学习中的互相帮助、相互鼓励等为表现的交往活动；另一方面也包括师生之间的教学交往行为。工作交往主要是指在班级社团等学生组织开展的学生工作中形成的大学生交往行为，如参加学生会竞选、举办校园文化活动等。情感交往是指以情感交流为主的大学生人际交往行为，主要包括与家庭成员间的亲情式交往、与朋友间的友情交往和与异性之间的爱情式交往。

（4）按照交往的范围划分。一是个体与个体之间的交往行为，即大学生作为独立个体，根据自身需求有目的进行交往的活动，此类交往活动过程中的交往双方能够建立起对于彼此的信任感和依赖感，是大学生人际交往中最常见的类型。二是个体与群体之间的交往行为，是指一个人和有共同目标的群体之间的交往。具体来说是大学生根据自己的兴趣、爱好、特长等寻找适合并接纳自己群体的一种行为。在个体与群体的交往过程中，大学生期望在群体中找到认同感和归属感。三是群体与群体之间的交往行为，指两个或两个以上群体之间为了实现某种目的而进行的交往活动。如班级之间，寝室之间等以群体形式展开的交往活动。

2. 大学生交往行为的主要特点

从人际关系的发展变化来看，当代大学生的交往范围逐渐向准社会群体交往转变，从大学生交往对象、交往形式和交往动机等方面看，主要呈现出以下几方面特点。

（1）从交往动机上看，大学生交往行为中精神追求和现实需要并重。从整体上看，大学生学习发展目标大体相似，大多数学生的交往主要建立在情感需求基础上，但由于近年受到社会多元化思潮的影响，大学生的交往动机也逐渐呈现精神追求与现实需要并重的基本特征。在当前大学生交往活动中，最为主要的交往动机表现为"欣赏他人个性""发展共同爱好""共同学习生活"等方面。从年级差异上来看，低年级学生由于尚未形成很好的人际网络，加之陌生生活环境带来的孤独感，促使他们在交往中除了以共同的精神追求为交往基础之外，更侧重"结伴学习生活"这一现实需求。高年级学生已经逐步适应了大学的学习生活方式，独立、自主意识增强，对于人际交往的精神需求加强，他们更注重共同的价值观念和人生理想。但同时，伴随就业、考研等现实性问题，高年级部分学生更加注重人际关系对自我未来发展的实用性，在注重共同的兴趣基础上，部分大学生的交往动机也明显呈现出实用性倾向。

（2）从交往对象上看，大学生交往范围不断扩大。由于当前大学生学习、生活方式的变化，大学生的交往对象由师生交往、亲人交往、同学交往逐渐扩大，开始跨年级、跨学院交往，部分大学生的交往活动甚至走出校园，出现广泛的社会性交往活动。在这一过程中，主要体现出以下两方面特点。一是大学生在交往过程中，往往会根据自己的兴趣爱好，结成松散或紧密的交往圈，并且以寝室为核心向班级、学院、学校逐渐扩展，逐渐形成开放的人际交往网络。二是交往对象随年级增长而呈现阶段性变化。低年级学生以同学间交往为主，但随着年级增长，高年级学生因为受到考研、就业等不同的现实选择影响，出现了明显分流现象，同学间交往呈下降趋势，与父母、亲友、校外人员的交往成为大学生交往活动的主要方面。

（3）从交往形式上看，大学生的现实交往向虚拟交往延伸。新时期，伴随网络技术的快速发展，越来越多的大学生已经表现出依赖网络虚拟的交往来寻求内心满足的发展趋势，大学生的虚拟交往范围逐步扩大，成为现实交往的重要延伸。随着 E-mail（电子邮件）、ICQ（网络寻呼）、TRC（网E聊天室）、BBS（电子公告板）、博客、播客、虚拟社区的发展，学生的交往范围也在逐渐向更为广阔的空间拓展。大学生喜欢网络交往主要是因为网络中的虚拟空间会给他们相对宽松的环境，网络社交帮助学生缓解现实生活的压力、满足好奇心，寻求一种角色转换，与此同时，网络交往通过文字、图像、视频等方式来交流信息、表达情感，其交往方式往往更容易被大学生所接受。

（二）大学生交往行为的管理与引导

大学生处于渴望交往、渴望尊重的心理发展阶段。良好的人际交往能够有效促进大学生的社会化，提升大学生综合素质，为其个性发展与完善创造条件。一般来说，教育管理者可以通过交往观念引导、提高交往能力以及解决交往过程中的冲突等方式，来帮助和引导大学生建立和谐健康的人际关系。

1. 积极引导大学生树立正确的交往观念

当代大学生的交往活动逐渐走出校园、走向社会，交往环境日趋复杂。由于大学生生理、心理处于逐渐成熟阶段，人生阅历和人际交往经验不足，往往因为缺乏科学的交往观念，而造成人际关系紧张。因此在大学生交往行为的管理引导过程中，首先应该帮助大学生确立基本的交往原则、交往规范，帮助其形成正确的交往观念，引导大学生在交往活动中，明确平等尊重、团结互助、诚实守信等基本行为规范，2005 年 3 月，中华人民共和国教育部关于印发《高等学校学生行为准则》的基本要求，树立符合社会主义核心价值体系的科学交往观。

具体来说，要从以下几方面开展教育引导。一是将弘扬优良传统与弘扬时代精神相结合，在大学生当中广泛宣传社会主义荣辱观。2019 年 10 月，中共中央、国务院印发了《新时代公民道德建设实施纲要》深化道德教育引导。把立德树人贯穿学校教育全过程。学校是公民道德建设的重要阵地。要全面贯彻党的教育方针，坚持社会主义办学方向，坚持育人为本、德育为先，把思想品德作为学生核心素养、纳入学业质量标准，构建德智体美劳全面培养的教育体系。加强思想品德教育，遵循不同年龄阶段的道德认知规律，结合基础教育、职业教育、高等教育的不同特点，把社会主义核心价值观和道德规范有效传授给学生。注重融入贯穿，把公民道德建设的内容和要求体现到各学科教育中，体现到学科体系、教学体系、教材体系、管理体系建设中，使传授知识过程成为道德教化过程。开展社会实践活动，强化劳动精神、劳动观念教育，引导学生热爱劳动、尊重劳动，懂得劳动最光荣、劳动最崇高、劳动最伟大、劳动最美丽的道理，更好认识社会、了解国情，增强社会责任感。加强师德师风建设，引导教师以德立身、以德立学、以德施教、以德育德，做有理想信念、有道德情操、有扎实学识、有仁爱之心的好老师。建设优良校风，用校训励志，丰富校园文化生活，营造有利于学生修德立身的良好氛围。

2. 积极开展交往训练，在交往实践中有效提升大学生的交往能力

所谓大学生交往训练，就是以提高大学生交往能力为宗旨、促进大学生社会化为目的的一种教育形式。作为教育管理者必须帮助学生树立正确的交往目的，选择正确的交往对象、鼓励学生参加各种交往活动，提高他们人际交往的信心。要强化交往实践训练，引导大学生塑造出个性化的交往技巧，在表达能力、认知能力和控制能力等方面不断加强锻炼，从而提

高其对于人际关系的感受、适应、协调和处理能力。

一般来说，交往实践的训练可以通过两个方面进行：一方面可以通过积极组织丰富多彩的校园文化活动，加强同学之间的交流和沟通，通过丰富多样的学生群团组织让学生体会不同的社会角色，使学生能够有意识地进行交往，引导学生尽可能扩大自己的交往接触面，有意识地、主动参与交往活动，主动与他人建立社交关系，从而在具体的交往环境中，学习基本的礼仪知识、交往策略，不断在体验中获得交往经验。另一方面可以着力强化班集体、宿舍、社团等学生交往载体建设，营造良好的群体交往环境，通过群体的健康氛围来影响个体学生的交往心理，进而通过群体的整体带动为其创造交往机会，提升其人际交往能力。

3. 建立大学生交往冲突的预防和处理机制

大学生人际交往行为中，预防和处理交往冲突是做好交往教育引导工作的重要一环。由于大学生的人际交往活动具有隐蔽性和不可预测性等特征，实际工作中必须建立有效的交往冲突预防和解决机制，才能有效保障大学生交往行为的正常进行。

一方面要积极建立预防机制，对于学生人际交往冲突进行针对性预防与引导。首先，应广泛关注大学生的日常思想动态，及时发现存在人际交往困难的学生，对于大学生中容易出现的交往问题进行早期预测预警，通过发现和识别潜在的或现实的不稳定因素，有针对性地采取防范措施。如针对大学生人际交往及时开展教育引导和案例教育，帮助学生正确认识交往冲突，了解正确处理冲突的方式方法。其次，应充分拓展师生交往渠道，充分发挥辅导员、学生干部、学生党员的力量，建立起网状的学生观测点，对于具有人际交往问题的学生多给予关注，及时进行心理疏导，将日常交往中容易出现的矛盾冲突化解在萌芽状态。

另一方面交往冲突发生后，要妥善化解和处理学生的交往矛盾。针对学生的交往冲突，教育管理者应保持理性，找出双方形成交往冲突的内在原因，帮助学生疏导交往中的压力，解决交往中出现的问题，进而做好思想引导。在化解矛盾的过程中，常见的办法主要包括两种：一是当冲突微不足道或双方需要时间恢复情绪时，应针对冲突双方采取冷处理，缓解双方情绪，克制冲突升级。二是针对冲突升级，并造成人身伤害或财产损失时，应依据相关学校管理规定，视情节给予警告、记过直至开除学籍处分，对于造成严重后果的，可报送司法部门依法进行处理。此外，教育管理工作者应及时准确上报冲突双方信息，通过学校相关主管部门采取适当的方式进行教育引导。

由于大学生管理工作是面对不同地域、不同环境、不同时间的不同学生展开的，以上所介绍的主要是引导和管理大学生交往活动中一般性的方式方法。作为教育管理工作者在处理学生交往行为的实际工作中，应根据具体情况进行灵活调整，做到因人而异，因时而异，创造性地预防和处理学生交往问题。

第二节　高校大学生消费与网络行为管理

一、大学生消费行为管理

随着当前社会物质文化生活水平显著提高，大学生的消费水平、消费方式、消费层次和消费观念发生了诸多新变化。目前从整体上看，多数大学生的消费行为较为理性，但是也出现了一些无计划消费、盲目攀比、奢侈浪费等问题。因此，关注大学生消费行为，引导他们树立正确的消费观念、提升理财能力，成为当前高校学生行为管理的重要课题。

（一）大学生消费行为的类型与特点

随着社会消费水平的提高，大学生消费行为也在不断变化。在满足基本生存需要的基础上，大学生消费内容逐渐多样化，消费观念日趋多元化，由此也不免出现一些不合理的消费行为。教育管理者需要正确认识和把握大学生消费行为的类型和特点，进行科学引导和管理。

1. 大学生消费行为的基本类型

当代大学生消费形式多样，但是按照不同的消费目的与消费内容，大学生消费行为主要包括学习消费、生活消费、交际消费、文化消费等多种类型。

（1）学习消费。一般来说，大学生在学习方面的支出所占比重较大。其中包括学费、教材费、辅助性学习资料消费等。近年来，考取各种资格认证在一定程度上成为大学生学习消费的新领域。除大学英语四、六级证书、计算机等级证书外，逐渐兴起的职业技能鉴定部门组织的证书考试，如导游资格证、心理咨询师资格证也占有一定比重。此外，韩语、日语、西班牙语等第二外语培训，雅思、托福考试也成为大学生学习消费的新项目。

（2）生活消费。大学生用于衣、食、住、行等方面的生活消费一直是大学生消费的主要方面，具体包括饮食、交通、服装、饰物、生活用品等。随着社会生活水平的提高，大学生生活消费中用于满足基本生存需要的比重逐渐降低，在消费时更加注重生活质量的提升。

（3）交际消费。近年大学生用于在校与人交往联络的交际消费支出日益增多，成为大学生消费行为的主要类型之一。大学生群体思维活跃、个性鲜明、社交活跃、加上社团和兴趣小组组织开展的文化活动，使大学生交际日趋频繁而多样，其交际消费在整个支出中的比重也有所增加。

（4）文化消费。文化消费是指大学生用文化产品或服务来满足精神需求的一种消费，包括教育、文化娱乐、体育健身、旅游观光等方面的消费。这种消费活动实际上是对学生精神生活需要的满足，对于大学生来讲必不可少且非常重要。

2. 大学生消费行为的主要特点

大学生经济尚未独立，消费行为受到家庭条件的制约，但他们的消费需求又较为强烈，消费意识、消费观念也相对超前，使大学生消费行为呈现出自身的特点。具体地讲，主要表现在以下三个方面。

（1）消费水平两极分化。由于各自家庭经济条件的不同，大学生的消费水平呈现出很大差异。这种消费结构上的两极分化不仅是大学生思想观念、学习观念、生活观念在消费行为中的具体反映，在某种程度上也体现了社会生活中的现实差距，这种现实差距会深刻地影响大学生的心理成长。大学生彼此之间有着深刻影响，消费水平的现实差异很可能在大学生之间产生复杂的变化，进而产生一些消极的对立行为，大学生管理工作者对此应予以重视。

（2）消费内容多样化。受我国经济发展水平的影响，改革开放初期，大学生的消费主要是用于满足生活消费，其余部分也多会用来购买学习相关用品和自己喜欢的书籍，用于娱乐和享受的费用相对较少。大学生自身具备充足的消费时间和便利的消费条件，并且随着经济的迅速发展，市场消费产品极大丰富，大学生群体的消费观念也发生了变化。大学生群体的消费不再局限于满足日常学习和生活，文化消费和精神消费额度逐渐提升，消费内容日趋多样化。

（3）消费合理性与盲目性并存。一方面，大多数学生能够在消费活动中充分发挥自身主观判断能力，在消费过程中认真思考，通过一定的比较后，从实际需要出发进行合理的选择，能够在消费活动中做出理性的决策。另一方面，由于目前大学生的大部分生活经费主要由家庭供给，但家长对于大学生在校期间的消费信息缺乏了解，难以对学生消费行为进行明确限制，加上部分学生缺乏理财观念和能力，在消费时具有一定的盲目性特征，出现了盲目消费和高档消费，甚至引发负债消费的问题。大学生管理工作者要准确把握这些问题，不失时机地引导学生树立理性的、科学的、长远的消费观念。

（二）大学生消费行为的管理与引导

消费从表面上看是个体行为，但是从更深层次看，大学生消费心理、消费意识是一种精神文化现象，对于学校和社会风气的形成具有深远影响。需要从以下三个方面进行管理和引导。

1. 进行分类教育，引导大学生树立正确的消费观念

高校教育管理者应该从大学生的消费观这一源头入手，培养学生勤俭节约、艰苦奋斗的价值观念。不同经济条件和年级阶段的学生其消费行为存在一定差异。大学生管理者应加强分类教育，提升教育的针对性，引导大学生树立科学的消费观念。当前伴随我国贫富分化加剧的现实，在大学生群体中，学生的消费水平差异日趋扩大，迫切需要针对不同层次的消费群体，开展针对性教育。对于经济条件相对较好的学生，倡导积极的消费文化，通过志愿服务、社会实践等途径锻炼这一部分大学生，使他们在实践中提升生活品位，树立追求丰富的精神生活的观念，引导着眼于未来的发展型消费。针对经济条件较差的大学生，应该鼓励他们自强自立，为他们提供更多的勤工助学岗位，同时发挥榜样示范作用，在学生中选取勤俭节约、逆境成才的典型，通过"身边人讲述身边事，身边事影响身边人"的形式引导学生树立科学正确的消费观念。

2. 提供理财指导，提升大学生科学规划消费行为的能力

学会理财是大学生能够独立自主生活的重要条件之一，进行理财指导，其核心是引导教育大学生合理分配生活中的各种费用，发挥最大效益。高校教育管理者应从和学生生活息息相关的内容入手，帮助大学生形成科学的理财意识，鼓励他们更多关注自主成长和职业发展的需要，增加发展型消费的比例。一方面，进行理财规划指导。引导学生每个月做好消费计划，量入为出，科学合理消费。控制自己每月的消费上限，并能够详细记录每一笔消费，为自己建立一个计划性强且富有弹性的消费习惯，不盲目攀比、超前消费。另一方面，引导学生提升发展性消费比例。开展消费行为认识活动、自我理财方法指导，帮助大学生正确分析自我消费需要的种类、层次，合理分配用于生存、享受和发展等方面的消费支出。引导学生根据自己实际情况，提升学习消费等发展性消费的比例，提高消费结构中的文化、教育含量，从而实现最大的消费效益，满足自身成长成才的需求。

3. 多渠道约束和监督大学生消费行为，形成教育合力

大学生的消费行为是大学生个人与环境交互作用的结果。虽然大学生消费具有较强的自主性，但学校内外的环境也会对其消费行为的方向和方式产生重要影响，因此要整合学校内外的各种教育资源，多渠道引导大学生理性消费。从学校来看，为了维护正常的教学秩序和保证大学生的健康成长，要从制度上给出明确的规定，如从公寓管理的角度限制大学生因娱乐而晚归或不归的行为，明令禁止抽烟酗酒行为等。从家庭教育来看，加强父母对子女教育的参与，学校应设法为家长提供教育、沟通的渠道，及时通报学生的在校情况。父母不应该只是教育经费的提供者，也应该扮演引导和帮助孩子成长成才的角色。从社会氛围来看，营造健康向上的消费文化，为大学生理性消费创造条件，从舆论上反对拜金主义和享乐主义。从学生自身来看，充分发挥学生自我管理能力，引导班集体、寝室等学生主要生活群体通过制定学生消费行为准则等方式，促使学生对消费行为进行自我监督、自我约束，养成健康文明的行为方式和生活习惯。

二、大学生网络行为管理

从 20 世纪 90 年代开始，中国互联网进入普及和应用的快速增长期，对人们的社会行为方式形成了深远的影响。大学生作为活跃的网民群体之一，其学习、生活和情感等领域的行为方式受到深刻影响。因此，科学有效地开展大学生网络行为的管理与引导，已成为新时期高校德育工作的重要课题。

（一）大学生网络行为的类型与特点

大学生网络行为主要是指大学生作为网络用户的信息、交往、商务和娱乐等网上活动。新时期网络技术的快速发展，满足了大学生的学习、生活和交往需要，大学生的网络行为具有鲜明的主体特征和时代特征，这些特征会随着网络的发展不断变化。

1. 大学生网络行为的类型

随着网络技术的迅速发展，大学生的网络行为种类越来越多，按照行为目的划分，主要有以下四种类型。

（1）学习型。学习型指利用网络流量信息获得学习资源的行为类型。由于网络信息资源传播快速便捷、传播量大，大学生通过网络获取学习资源的行为方式不再受时间、空间等客观因素的约束，可以极大满足学习需求。在这种网络行为，获取学习资源是主要的目的。

（2）休闲娱乐型。休闲娱乐型指以休闲娱乐为目的而进行的网络行为。随着网络功能的多元化发展，大学生可以利用网络平台交流情感、获得信息、课余消遣。大学生网上休闲娱乐的方式主要有在网络上浏览新闻消息、阅读休闲娱乐性网络作品、进行网络游戏、聊天交友、在线视听等。

（3）交往型。交往型网络交往主要包括两种情况，一是通过上网寻求人与人之间的相互关心、相互理解和相互尊重，以爱情和友谊的表达为主要话题。二是通过网络倾诉、转移和宣泄自己在现实生活中产生的心理压力，获得一定的心理自疗效果。

（4）电子商务型。电子商务型指近年来以创业、盈利为目的，在网络环境下进行开设店铺、网上购物、在线电子支付等各种交易活动、金融活动和相关的综合服务活动的一种网络行为。

2. 大学生网络行为特点

近年来，互联网络迅速发展，并以其信息容量大、覆盖面广、传输快捷和交互性强等优势深入走进了大学生的学习、生活和交往领域，成为不可或缺的重要部分。大学生已经成为信息时代重要的网络体验者和推广者，其网络行为呈现出以下几个方面的特点。

（1）开放性强，规范性弱。互联网的发展有效缩短了信息传播的时空距离，使每个大学生都可以通过网络自由获取信息资源、自主表达思想观念，满足自己在学习、生活、交往等方面的需求。大学生作为青年群体愿意接受新的事物和观点，尝试新颖的生活方式，自由、开放、平等的互联网环境为其提供了这样的机会。因此大学生的网络行为表现出开放性强的特征。与此同时，目前对于大学生的网络行为尚未形或统一的规范标准，加之网络环境中身份具有隐蔽性，部分大学生不能有效约束自身言行，因此大学生的网络行为又呈现出规范性弱的特征。

（2）虚拟性强，现实性弱。虚拟性是互联网的主要特征。互联网具有信息丰富、交往隐匿等特点，可以有效突破和改变大学生在现实社会人际交往中时间、空间上的局限性，有助于拓展社会关系。作为网络虚拟世界里的一员，大学生可以用虚拟的形象出现，按照自身的意愿来设计自己在网络上的形象和语言，以便广泛地融入不同的社会群体，其行为呈现出很强的虚拟性。同时，部分大学生在虚拟的网络世界中，虽然能够暂时摆脱现实生活的压力和烦恼，获得一定的认可度和满足感，但这只是通过特殊网络环境使人产生的感觉，并非真实存在，故其行为又呈现出现实性弱的特征。一旦大学生长期沉溺于虚拟的网络世界中，容易引发各种心理问题，影响现实交往能力，对个体的个性发展、人格完善以及身体健康都会产生不利影响。

（3）自主性强，判别力弱。网络环境中丰富的信息容量和高速的信息传播改变了大学生传统的学习方式和生活方式。大学生在网络上可以充分自主地选择和吸纳信息，能够充分发挥自身的智慧和潜能，激发自身的能动性和创造力，并且不断形成自主接受新知识、新技能的行为习惯，这充分肯定了学生的主体性地位，使其行为具有极强的自主性。但由于大学生置身于复杂的信息环境中，社会思潮多元并存，网络信息良莠不齐，如果面对过多虚假、不良信息，思想尚未完全成熟的大学生容易受到误导出现道德迷茫、信仰缺失等问题，使道德判断及价值取向出现模糊化、极端化、利益化倾向。

（二）大学生网络行为的管理与引导

加强对大学生网络行为的管理和引导，帮助大学生提升个人网络综合素质，明确网络行为目标，规范网络行为方式，引导大学生网络行为朝着健康、科学、文明的方向发展，是新形势下高校教育管理工作者所面临的重要课题。

1. 强化网络教育阵地建设，积极弘扬主旋律

2020 年教育部等八部门《关于加快构建高校思想政治工作体系的意见》指出，要加强网络育人，提升校园新媒体网络平台的服务力、吸引力和粘合度，切实增强易班网、中国大学生在线等网络阵地的示范性、引领性和辐射度，重点建设一批高校思政类公众号，发挥新媒体平台对高校思政工作的促进作用。引导和扶持师生积极创作导向正确、内容生动、形式多样的网络文化产品。建设高校网络文化研究评价中心，推动将优秀网络文化成果纳入科研成果评价统计。各高校应按照在校生总数每生每年不低于 30 元的标准设立网络思政工作专项经费。具体来说，教育管理工作者应清醒认识网络等新媒体技术的积极作用，积极完善网络教育阵地建设，不断强化正面引导。一方面善于利用现有微博、微信、QQ 群、短视频 APP 等深受学生喜爱的网络载体，传播社会主流思想意识、强化网络互动与成才指导，增强教育管理工作的针对性和感染力，另一方面应主动学习并利用先进信息技术，加快学院、班级、寝室的网络信息化建设，建设一批有特色、有吸引力、有影响力的综合性教育网站，打造网络教育新阵地。

2. 强化网络素养教育，提升大学生自我教育、自我管理的综合能力

尽管大学生的网络行为会受法律法规及道德规范的制约和影响，但大学生形成良好的网络行为规范，最终还需要不断提升大学生网络自律意识。对高校教育管理工作者而言，首先，要着重加强学生的自我教育，通过采用价值澄清法、角色扮演法等方式，培养大学生自省和批判意识，提高其判断能力，以此来构建"网络的第一道防火墙"。其次，积极帮助学生正确比较、分析、辨别网络信息，帮助学生学会区分不良网络信息，并有针对性地开展网络安全教育，提高大学生安全防范意识，从而引导大学生自觉规范网络行为。此外注重对于学生不良网络行为的心理疏导，通过面对面谈心、朋辈帮扶等方式，帮助学生通过自身努力，逐步克服网络"上瘾"、寻求刺激等错误行为习惯，转变自身价值观念和网络心理状态，提升其在网络中的自我约束能力。

第三节　高校大学生正式与生活群体管理

一、大学生群体管理内涵及意义

大学生组织作为一种学校教育组织，是大学生实现自主发展的主要途径，同时也是开展大学生思想政治教育的重要载体，研究大学生组织管理的内涵和特点是对其进行科学管理的基础和前提。

《辞海》中，对"组织"的解释是"按照一定的目的、任务和形式加以编制"[①]，"也指编制的集体"，是"组织的形式或组成部分之间的关系"。"巴纳德认为正式组织是有意识地协调两个以上的人的活动的一个体系。"[②]归纳起来，可以将大学生群体组织界定为两个或两个以上具有某种相似性特性的大学生为了实现一定的目标，按照某种特定的方式联系在一起开展活动的群体。

大学生群体组织是高校组织中的重要组成部分。对大学生群体组织的管理和规范有利于组织及组织成员特定目标的实现，有利于大学生自身能力素质的提升，对规范校园秩序、促进校园文化建设也有着重要的影响作用。

二、大学生正式群体管理

以党团组织和班级为基础的正式群体，是大学生融入校园生活的基本载体。要切实加强对党团组织和班级的引导和管理，并以此为基础帮助学生进一步坚定理想信念，形成健康文明的生活方式，提升情趣、增长才干。

（一）大学生正式群体的内涵及特点

1. 大学生正式群体的内涵

大学生正式群体是大学校园内相对稳定的学生群体组织形式，主要包括学生党组织、学生团组织、班集体、学生会等群体。

学生党组织设立党总支、党支部、党小组等，高校学生党组织是党在高校的基层组织的重要组成部分，是党在高校保持战斗力的重要基础。2020年 4 月，教育部等八部门发布《关于加快构建高校思想政治工作体系的意见》中提出强化院系党组织政治功能，加强班子建设、健全集体领导机制、提高议事决策水平。落实党建带团建制度，做好推优入党工作我们党历来高度重视高校思想政治工作，探索形成了一系列基本方针原则和工作遵循，明确指出了党组织在大学生思想政治教育工作中的重要地位和作用。

学生团组织在学校党委领导下开展工作，主要有团委、分团委、团总支、学生团支部等，学生团组织是联系青年学生的重要纽带和桥梁，是党的助手和后备军，是团员青年学生的忠实代表。团组织的性质决定了其在全面推进大学生素质教育、培养合格人才工作中肩负着责无旁贷的历史责任。

① 陈至立. 辞海第 7 版第七卷. 上海：上海辞书出版社，2020：365.
② 昀熙. 切斯特 • 巴纳德：现代管理理论之父[J]. 现代企业文化（上旬），2013(06)：52-53.

班集体作为学校教育教学的基本单位，是学生共同成长的重要组织，它以健全的组织形式对成员发挥着管理功能。班集体有明确的规章制度、有健全的管理机构，学生在现实生活中的许多问题都是通过班级来解决。班集体作为高校在校学生的基本组成形式，还发挥着教育功能，其凝聚力是一股无形的强大的力量，对班集体成员起着激励和约束的教育作用。良好的班风对每一位学生的价值观念、行为规范、学习风气等方面都有着潜移默化的引导作用。

高校的学生会组织是在学校党委的领导和学校团委指导下的学生群众性组织，是全校学生利益的代表。学生会是联系和沟通学生与学校党政部门的重要桥梁和纽带，以营造良好的学术氛围、增强校园文化底蕴为工作重点，进行自我教育、自我管理和自我服务。同时，学生会还是学校有效开展校务管理，实现学校育人目标的重要依靠力量。根据《中华全国学生联合会章程》（2020年8月修订）基本任务要求，高校学生会要"以马克思列宁主义、毛泽东思想、邓小平理论、"三个代表"重要思想、科学发展观、习近平新时代中国特色社会主义思想为指导，遵循和贯彻党的教育方针，促进同学德智体美劳全面发展，团结和引导同学成为热爱祖国，适应中国特色社会主义事业要求的合格人才，进一步增强对中国特色社会主义的道路自信、理论自信、制度自信、文化自信，自觉树立和践行社会主义核心价值观，为实现中华民族伟大复兴的中国梦而努力奋斗；发挥作为党和政府联系同学的桥梁和纽带作用，在维护国家和全国人民整体利益的同时，依法依章程表达和维护同学的具体利益；开展健康有益、丰富多彩的课外活动和社会服务，努力为同学服务；增进各民族同学的团结。加强与台湾省和港澳同学的联系，促进中华民族的团结和伟大祖国的统一；发展同各国、各地区学生和学生组织的友谊与合作，支持各国、各地区人民和学生的正义事业。"可见，学生会是大学生正式群体的重要组成部分。

2. 大学生正式群体的特点

大学生正式群体具有健全的组织机构，完备的组织制度，具有很强的凝聚力。正式群体是思想政治教育的重要载体和依靠力量，是沟通学校和学生的桥梁和纽带。大学生正式群体表现为以下几个方面的特点。

（1）具有较强的先进性。与其他组织不同，正式群体在选拔、考核、晋升学生干部时都把学习成绩、工作能力，以及生活、学习作风作为一个必要条件，学生干部的选拔、培养是一种先进模式。这使得正式群体成为优秀学生汇聚的组织团体。

（2）具有较强的方向性。大学生正式群体是为了完成某一特定功能而建立起来，具有较强的方向性和目标性。例如，学生党团组织是上级党团组织为了实现对于基层党员、团员进行有效管理而建立的组织，它具有很强的政治色彩，承担了传播主流价值观以及党的路线、方针、政策，有效贯彻党的政治主张、基本路线和基本纲领等政治任务。班级是为了完成大学学习功能而形成的群体。学生会是为了促进学生自我教育、自我管理、自我服务而统一建立的自治组织。因此，相对于其他群体来讲，正式群体的目标更加明确，方向性更强。

（3）具有较强的凝聚力。从行为科学角度看，凝聚力是指群体对成员的吸引力和成员之间的相互吸引力，既包括群体对其成员的吸引力，又包括成员对群体的向心力。大学生正式群体和群体成员之间也有着很深的感情和很强的凝聚力。党团组织以马克思列宁主义、毛泽东思想、邓小平理论、"三个代表"重要思想、科学发展观、习近平新时代中国特色社会主义思想凝聚人，以优秀党员、优秀团支部干部的良好形象凝聚人。它的凝聚力体现在党员、团员和普通学生对党团组织的忠诚和拥护。班集体主要通过良好的班风和班级文化来凝聚人，其凝聚力体现在学生能够形成很强的集体主义观念。学生会主要通过和谐健康、积极向上的文化氛围和学生自我管理的有效实现凝聚人，其凝聚力体现在学生对学生会组织活动的认可与参与。

（4）具有较强的规范性。大学生正式群体基本属于"科层制"管理模式，即组织有极其严格的规章制度和等级制度，下级服从上级是基本的组织纪律，具有较强的规范性。学生党团组织要遵循党章团章以及学校基层党组织的相关规定和要求，在学校党委及其职能部门、校团委和院系党团组织的领导和指导下开展工作。班集体作为高校管理的基本单位，有健全的管理制度，规范着班级管理的各个基本环节和学生的基本行为规范。学生会虽具有一定的自治性，但直接接受党团组织的指导，具有严格的章程、科学的机构设置、明确的工作要求和严格的考核制度。较强的规范性确保了正式群体及时、有效地贯彻落实党的方针政策和学校的制度规范、发展要求。

（二）大学生正式群体的管理与引导

大学生正式群体是学校教育管理的基本单位，是学生思想政治教育的主要载体，对于正式群体的管理和引导要符合其自身特点，突出其思想政治教育功能，创新其教育管理手段。

1. 以学生自我教育为重点，充分发挥正式群体的朋辈效应

"朋辈效应"是指具有相同背景，或是由于某种原因而具有共同语言的人在一起分享信息、观念或行为技能，以实现教育目标的教育方法。朋辈之间鸿沟小，心理芥蒂小，共通性大，互助性高，具有先天的优势。由于正式群体中的核心成员大都是学生中的优秀分子，这为朋辈教育活动的开展奠定了坚实的基础。一是重视正式群体中学生骨干人才的培养，强化典型示范作用。学生骨干在正式群体的管理中扮演着重要角色。他们处于大学生管理教育的第一线，是开展各种学生活动的策划者、组织者、实施者和参与者。学生骨干一般具有良好的群众基础，发挥着先锋模范作用，能够通过自身感染同学。高校教育管理工作者要善于发挥骨干群体的示范作用，积极创造普通同学与他们交流的机会。如组织先进事迹报告会、学习经验交流会、表彰大会等活动。以骨干学生的先进思想和典型事迹引导学生反思，把社会对人才的要求转化为受教育者的自我要求，从而实现学生的自我教育。二是依托互助小组等组织形式，搭建朋辈间交流互助平台。大学生处于同一个年龄段，彼此之间有更多共同语言，容易实现良好的沟通和互动。通过在班集体中设立学生心灵使者、贷款联络员等形式，搭建朋辈间相互影响、彼此帮扶的桥梁，并以此为依托提升群体成员自我认识、自我监督和自我评价的能力。

2. 以思想建设为核心，加强正式群体的先进性建设

加强正式群体的思想建设，主要是在正式群体中普及以社会主义核心价值体系为主要内容的理论思想，加强正式群体对重要时政内容的深入了解，加深对世界局势和国情社情的认识，提升成员的政治理论素养。加强正式群体思想建设的具体实施方法可以包括以下几点：一是通过理论学习增强正式群体的先进性。党团组织要定期开展政治理论学习，班级要通过班会等形式定期宣传党和国家的重大时事和政策，学生会组织要通过定期组织讲座、培训增强学生会干部的政治敏感度和政治鉴别力。二是通过制度建设保障正式群体的先进性。在加强正式群体思想建设的过程中，高校的教育管理工作者要强化全程监督和效果反馈，以保证思想建设目标的实现。要建立健全管理制度，如班级管理制度、学生会管

理制度，财务管理制度、物品管理制度等，规范正式群体学生的基本行为规范和管理的各个基本环节。要建立健全制度运行机制，将正式群体的发展纳入学校教育管理的环节之中。建立健全正式群体的竞争和激励机制，如优秀学生干部评比、优秀党员、团员评比等。建立健全制式群体的考核和评价机制，如学生干部量化考核机制、学生干部职务晋升机制等。通过积极推进正式群体的制度建设，提升管理效率，促进正式群体的健康发展。

3. 以活动创新为导向，增强正式群体的生机活力

保持大学生正式群体的生机与活力是其持续发展的前提。开展形式多样、内容丰富的创新性活动能够在激发学生学习和生活热情的同时，增强正式群体的生机与活力。

（1）创新组织管理模式。注重激发学生的主体意识，培养学生的综合素质能力，引导学生改变以往依赖指导教师组织开展活动的方式，鼓励学生根据专业特征和兴趣，自主选择、创新活动内容和活动形式。将传统"自上而下"的强行推进，变为"自下而上"共同推进，充分发挥学生的积极性和创造力。

（2）创新活动内容。开展活动是正式群体的主要行为方式之一，活动内容的创新，有助于改善活动质量，实现活动目标。在开展活动的过程中，既传承经典又紧扣时代主题，选择新形势下的新内容是活动内容创新的重要方向。

（3）创新活动形式。高校教育管理者要始终坚持理论联系实际的原则，有意识地引导学生改变以往较为枯燥的带有强制性、约束性等特征的活动形式，通过加强学习、广泛调研等方式积极探索、借鉴新型的活动组织形式，增强活动的新颖性，增加对学生的吸引力和感染力。例如，开展学生党史知识竞赛、红歌会等。也要善于组织实践活动，引导学生在实践中长才干，进而带动正式群体的不断成熟和发展。

三、大学生生活群体管理

寝室是大学生群体在高校的一个重要学习、生活、交往的空间环境。从其功能来看，它是大学生进行思想文化交流的主要阵地之一。以寝室为主要载体的生活群体的构建和发展影响着每一名大学生，对生活群体进行有效的管理和引导，是大学生群体管理的一个重要方面。

（一）大学生生活群体的内涵及特点

1. 大学生生活群体的内涵

大学生生活群体，是以生活区域和范围划分的学生群体。生活群体是大学生入学时，根据院系、专业、年级、班级等条件自动生成的，可以按生活园区、公寓楼、楼层、寝室等划分。其中寝室是生活群体的基本组织形式。目前高校学生大约有一半的时间是在寝室中度过的，有些班级、组织甚至将日常管理教育和娱乐活动也搬到寝室中来开展。学生寝室中的管理教育功能对学生确立正确的人生观、树立远大的理想具有十分重要的作用。

寝室是大学生日常生活和学习的主要场所，也是课堂之外进行学生管理的重要阵地，是学生集生活、休息、学习、能力培养、思想交流和信息沟通等功能为一体的综合性场所。可以说，寝室是大学生的"第一社会、第二家庭、第三课堂"。在寝室，大学生不受外界的约束，思想行为受本真意识的支配，天然情感和真实思想得以充分展示。今天大学生寝室的功能也已经从早期单纯提供住宿服务拓展到更多功能，比如培养学生良好的生活习惯、养成优秀的思想品质、提高与人交往的能力等。寝室成员之间探讨问题、获取信息、交流思想、开展健康有益的活动，已成为大学生学习生活的重要组成部分。但由于寝室成员交往密切，言谈举止不拘小节，学校的一些管理规章制度往往在寝室成员的相互默认中得不到严格的贯彻实施，甚至出现赌博、酗酒等不良行为，这都需要大学生管理者进一步加强科学管理。

2. 大学生生活群体的特点

（1）稳定性强。主要体现在三个方面：一是群体成员的构成上比较稳定。寝室成员自入学之日起，一般要共同生活到毕业，较少有人员的流动。在大学的学习生活中，寝室同学之间认识最早，接触最多，了解的时间最长，内容也最广泛，成为相对固定的群体。二是群体学习生活状态相对稳定。寝室原则上是根据学生学习和生活的需要所确定的，其成员在大学学习生活过程中，有共同的理想和相对一致的学习目标。寝室同学每天一同去教室上课、去图书馆读书，所以也具有相对一致和稳定的生活状态。三是群体成员关系相对简单。寝室中的组织结构大多是由寝室长负责一些具体的事务，没有复杂的组织机构，也没有复杂的人际关系，不存在"等级""层次"等划分，寝室成员之间的关系一般变化不大。

（2）归属感强。生活在同一寝室的大学生由于朝夕相处，成员之间一般都会建立起一种经常、持续的互动关系，交往程度更为深刻。寝室成员一般会受寝室文化影响，在无意识中将群体意识通过心理系统与自己固有的思维方式、价值观念和行为模式等发生交互作用，而表现出相对一致的外部特征和行为方式。一般情况下，寝室成员所面对的问题和困难基本一致，能够形成心理上的认同和归宿。群体成员大都互相帮助，在学习和生活中共同进步。

（3）以寝室为中心。学生寝室是大学生日常生活主要区域，以生活园区、公寓楼、楼层等划分的生活群体都是以寝室为基本单位而形成的，并围绕寝室这一中心发挥其功能。一方面，寝室是大学生离开家庭后的新居所，寝室成员成为大学生最初和最基本的共同生活对象。进入大学，青年的生活圈由中学时期以班级或者小组为中心转为以寝室为中心，成员之间的关系由天南地北完全陌生变为同处一室朝夕相处。大学生进入高校后，通过军训期间的生活接触，寝室成员相互熟悉和了解的程度大于任何其他群体成员，再加上对周围环境的相对陌生，寝室成员自然成为大学生最初和最基本的共同生活对象。另一方面，大学生常以寝室为单位进行各种活动和交往。随着大学生活的进行，大学生的生活交际圈不断扩大，由于寝室内部成员的行为保持较高的一致性，使得寝室通常是作为一个单位进行各种活动和与外界交往，这在大一、大二年级表现得更为突出。大学生往往根据自己和寝室其他成员的需要，集体参与大学生活中的活动，比如"联谊寝室"，文体活动等。

（二）大学生生活群体的管理与引导

大学生生活群体主要以寝室为中心。寝室在大学生养成良好生活习惯、形成优秀思想品质等方面起着重要的作用，需要高校教育管理者进行科学合理的管理和引导，具体来说，主要有以下三个方面。

1. 以文化建设为载体，增强生活群体的能力素质

以寝室为主要载体，加强大学生生活群体的文化建设，对于大学生的成长成才，创造积极向上、健康文明、关爱互助、充满生机的学习和生活环境，具有重要的现实意义。一方面，强化文明寝室建设。通过加强学生宿舍管理，规范学生基本行为，引导学生养成文明生活习惯，树立当代大学生的良好风范和形象，营造一个良好的成长成才环境。具体操作中，除

硬件设施建设外，还包括软环境建设，如营造寝室独特的环境氛围，倡导文明健康的言行举止，消除寝室内不文明、不道德的现象等。另一方面，开展文化含量高的课余活动。引导学生在寝室成员间或寝室与寝室间开展以互助交流、文化学习、社会实践等为主要形式的文化、体育、科普、教育、娱乐、互助活动，融思想性、教育性和娱乐性于一体，培养学生形成认同及发展组织文化的意识。

2. 以归属感提升为重点，提高生活群体的责任意识

一般来说，归属感是指一个个体或集体对一件事物或现象的认同程度，并对这件事物或现象发生关联的密切程度。提升大学生对所处环境的归属感，会有助于其形成良好的人际关系、乐观向上的精神状态和积极的学习态度。要使生活群体成员拥有良好的归属感，一是要培养成员热爱集体，乐于为集体奉献和关心他人的良好品质。有关的心理学研究证明，成员在群体内的社会关系越好，对环境的满意程度越高。在一起居住的时间越长，参与的活动越多，对群体的归属感也就越强。在管理中，引导学生共同参与集体活动，加强学生彼此间的沟通与交流，促进成员间团结协作，关爱互助，激发学生热爱寝室、关注集体、参与建设的热情。二是赋予学生自我管理的权利。鼓励大学生参与相关管理政策的制定与管理过程的监督，激发学生参与管理的积极性，提高其自我管理能力。如以民主程序决定寝室自治章程、寝室生活规定。

3. 以制度建设为保障，促进生活群体良好行为习惯的养成

伴随高校学分制教学改革和后勤管理服务社会化发展，科学化、规范化成为学生生活群体管理的发展趋势。在新时期管理工作中，建设系统、科学的管理制度对于促进学生生活群体行为习惯的养成具有重要作用。一是要坚持"以学生为本"的制度建设理念，完善制度建设要以学生为本，在制度制定过程中尊重生活群体学生的需要，鼓励学生全面参与，积极采纳学生意见，科学论证制度的合法性与合理性，保证制度在管理、服务中充分发挥教育功能。在制度执行过程中，尊重学生的各项权利，尊重学生的发展需求，保障学生的合法利益。二是构建教育、管理、服务功能互相配合的制度体系，建立以寝室安全及卫生管理办法、定期查寝制度等体现管理性的制度，建立以寝室文明公约、学生轮流值日制度等体现学校教育和学生自我教育的制度；建立高校学生政工干部入住学生寝室制度，强化

服务与管理的有效结合。各高校应结合自身实际，因地制宜，充分发挥制度规范在促进生活群体良好行为习惯养成方面的保障作用。

第四节　高校大学生虚拟与流动群体管理

一、大学生虚拟群体管理

虚拟群体是以互联网的迅速发展为基础而出现并逐渐发展的群体类型。加强对虚拟群体的引导和管理，可以有效规范大学生群体的网络行为，开辟新的思想政治教育阵地，也是保障校园和谐稳定发展的重要体现。

（一）大学生虚拟群体的内涵及特点

1. 大学生虚拟群体的含义和类型

大学生虚拟群体是指发生在网络中的社会聚合，主要是以网络为平台，依托微博、微信、QQ 群、短视频 APP 等形式形成的兴趣相同、思想相近的大学生群体组织。

随着信息技术的发展，计算机网络已逐渐成为当代大学生必不可少的交流工具，甚至已成为大学生的一种生存方式。当越来越多的大学生通过互联网聚集、融合并付诸行动形成规模，大学生网络虚拟群体便形成并不断发展壮大。目前，互联网上大学生虚拟群体的种类繁多，影响较大的有以下几个类型：交流分享型网络虚拟群体，以交流交友为目的，实现协同合作、资源互惠，并常常延伸到

现实社会。学习服务型网络虚拟群体，某种程度上讲是一个学习型组织或志愿者团队，他们花费很多的精力学习与挖掘具有价值的网络资源，并将这些资源共享到网络媒介上，供他人使用，为他人服务。劳动获利型网络虚拟群体，重要标志是以互联网为平台，凭借自身的技术和信息等优势，付出劳动赚取酬劳，例如替他人编写程序、制作软件等。

虚拟群体在大学生发展的过程中发挥着非常重要的作用。一方面，网络虚拟群体为大学生提供了崭新的交流场所，丰富了获取信息的渠道，并进一步满足了大学生的情感需求，对大学生的学习、人际交往以及个性成长都有一定的积极促进作用。但是另一方面，网络虚拟群体的发展也带来

了一些消极影响，虚拟的环境容易使大学生沉溺其中，使大学生在现实生活中的人际交往越来越困难，影响了学生正常的学习、交往和生活。加强大学生网络虚拟的思想教育和管理已经引起党和国家的高度重视。

2. 大学生虚拟群体的特点

以网络为平台的大学生虚拟群体，是一类新兴的大学生群体组织，是基于网络的虚拟性和开放性等特点形成的，除了具备大学生群体组织的基本特点外，还有其独有的特征。

（1）开放性。网络的开放性、无中心性等特点决定了网络虚拟学生组织的组织结构更加扁平化，组织边界比较模糊，组织成员之间则更加平等。在这样的组织中，成员能够充分表达意愿、实施行为，现实生活中大学生之间人际关系的好坏、经济条件的差异和性别等因素都不影响其在虚拟群体中的交流与交往，平等、开放、独立、进取这些现代社会所要求的品质都在网络组织中得到充分体现。此外，由于网络组织可以不受时空等物理条件的限制，其成员不仅可以是在校生，也可以包括已经毕业的校友，这使得网络虚拟群体成员呈现一定的复杂性，为管理带来了一定的困难。

（2）虚拟性。在网络平台上，尽管信息本身是确定的，但是网络信息巨量特征和信息传递的超时空等特征，使得信息的传播目的、意义和情感并不清晰明了，具有虚拟性的特征。网络的这种虚拟性必定会反映到以网络为平台的大学生虚拟群体中，虚拟群体的成员在交往的过程中经常以某种虚拟的形象和身份沟通、交流。群体成员的交往活动和一般社会行为相比，没有特定的物理实体和时空位置，这些都使得网络虚拟群体中人与人之间的关系不稳定，人际交往也因此存在着潜在的不确定性。但是，网络群体的虚拟性却有助于沟通者的成就感体验，即人们都渴望在沟通中建立良好的人际关系，体会到或多或少的成就感。在虚拟的网络交往中，没有实际利益的竞争、没有生存压力，可以凭借自己特有的一类所长赢得组织成员的相互认可，一定程度上可以弥补生存压力下，社会激烈的竞争带来的人际挫折感。

（3）自由性。这是大学生虚拟群体的重要特征之一。作为一个自发的信息网络组织，虚拟群体本身不隶属于任何成员、任何机构，加之校方的管理也不如对现实学生社团那么严格，网络组织有更多的自由度。但是，虚拟群体高度的自由性同时也造成了一些负面影响，由于目前网络世界中执行与监管力度还很有限，对大学生虚拟群体成员的行为形成的约束力不强，某些成员可能会通过虚拟群体传播不良信息，甚至进行违法犯罪活动等。这是大学生管理工作者在虚拟群体管理中必须重视的问题。

（二）大学生虚拟群体的管理与引导

现在，互联网迅速发展，逐步进入社会生活的方方面面，越来越多的青少年和互联网交上了朋友，这是件可喜的事情。但同时也加重了我们的责任，这就要求我们，一方面要加强建设，另一方面要加强管理。因此，结合大学生虚拟群体组织的特点对其进行引导和管理是大学生管理工作的重要方面。

1. 加强虚拟群体的现实教育

目前，虚拟群体受到的约束力较弱，部分虚拟群体成员会出现一些诸如信仰迷茫、道德观混乱、网络成瘾等新问题。这些问题会直接映射到现实中，冲击大学生在现实生活中的思维方式和行为方式，影响其成长成才。虚拟群体的现实教育工作亟待加强。一方面以活动为载体强化对虚拟群体成员的教育引导。通过设计开展一些主题明确、形式多样、内容丰富的教育活动，引导虚拟群体成员坚持主流价值观念，内化社会道德规范，促进群体不断增强自我管理、自我约束的能力。另一方面丰富和完善现实生活中大学生实体组织的功能。随着我国现代化建设的发展和社会的转型，大学生表现出多方面的诉求，大学生实体组织某些功能的缺位，使得部分群体的诉求得不到有效满足。这在一定程度上是虚拟群体产生的原因之一。大学生实体组织应该提供适应和满足学生多种需求的平台，高校教育管理者应抓住学生的心理特征，完善组织职能，组织开展符合大学生实际需求状况的活动。这也是通过现实教育方式引导虚拟群体健康发展的重要途径。

2. 加强虚拟群体的网络管理

虚拟群体主要是以网络为平台聚合形成的群体组织，加强网络管理是做好大学生虚拟群体管理工作的一个重要内容，对大学生的健康发展和成长成才具有重要意义。一是加强网络管理制度建设。如实施"实名上网"制度，通过网络后台动态管理虚拟群体的网络活动。建立和完善规范的上网用户日志记录留存、BBS、FTP 信息巡查及有害信息报告等制度，实现对网络行为的管理约束。二是做好校园网络上的有害信息专项清理整治工作，重点放在校内网站电子公告栏、BBS、留言板、聊天室等交互式栏目中。应实行"先审后发"制度，对网上有害信息进行全天检测，及时发现和删除各类有害信息，进行规范化的网络管理。三是把握虚拟群体发展动态，强化教育引导的及时性和针对性。大学生管理工作者要善于运用多种手段和方式及时掌握虚拟群体的基本情况。除了在日常生活中了解学生的行为动态，学生管理工作者可以组织学生党员和学生干部，或者工作者本人以普通参与者的身份加入虚拟群体，及时了解虚拟群体的情况和信息，对可能发生的问题提前开展教育工作，对已经出现的情况做好控制工作。

3. 加强虚拟群体中意见领袖和示范性网络群体组织的培育

培育虚拟群体中的意见领袖。意见领袖（opinion leader），也称舆论领袖，是指在信息传递和人际互动过程中少数具有影响力、活动力，非选举产生。一方面高校管理教育工作者要将虚拟群体中已有的意见领袖逐渐培养成政治素养高、坚持主流价值观念、自主参与意识较强、具有很强影响力的学生中的先进分子，使其正确引领整个群体的发展方向。另一方面有意识地将优秀学生党员、学生干部培养成为虚拟群体的意见领袖，使其在虚拟空间内进一步发挥榜样示范作用。对意见领袖在关键问题、关键事件上成功的影响作用，学校应有意识地给予赞扬和支持，进一步扩大其威信和影响力。

培育示范性的网络群体组织。高校管理教育工作者要打造以网络班级和网络社团为核心的一批思想先进、内容丰富、吸引力强、覆盖面广的示范性网络群体组织。通过开展优秀网络群体组织评选活动，选拔对校园文化建设和大学生成长成才等起到积极作用的网络班级和网络社团，选择有感染力、说服力的典型，深入挖掘、充分宣传，鼓励优秀网络群体组织引领和带动其他组织向着健康积极的方向发展。同时，学校应支持网络群体组织的建设，为优秀的网络班级和网络社团创造条件，提供更大的发展空间，促进其健康良性发展。

二、大学生流动群体管理

大学生流动群体是为满足大学生的多元文化生活需求而产生的大学生群体组织，以学生社团为主体。加强对流动组织的引导和管理，在推动校园文化建设、提高学生综合素质、引导学生适应社会、促进学生成才就业等方面发挥着重要作用。

（一）大学生流动群体的内涵及特点

1. 大学生流动群体的内涵及类型

大学生流动群体，是指一种非正式群体，是广大同学依照共同的兴趣、爱好，自愿组成的开展文化、科技、体育、文艺等方面活动的群众团体。大学生流动群体自 20 世纪 80 年代初在大学校园内蓬勃兴起，在一定程度上满足了大学生在学习、生活、交往等方面的需要，在推动校园文化建设，优化成才环境，提升学生素质等方面发挥了重要作用。从类型上来看，大学生流动群体是以学生社团为主体，以临时组建的项目型团队和老乡会等自由组织为补充的群体。

2020 年 1 月，中共教育部党组、共青团中央印发《高校学生社团建设管理办法》指出，高校学生社团是落实立德树人根本任务、推进素质教育的重要载体，是高校学生根据成长成才需要，结合自身兴趣特长，在高校党委的领导和团委的指导下开展活动的群众性学生团体。高校学生社团活动是实施素质教育的重要途径和有效方式，在加强校园文化建设、提高学生综合素质、引导学生适应社会、促进学生成才就业等方面发挥着重要作用，是新形势下有效凝聚学生、开展思想政治教育的重要组织动员方式，是以班级年级为主开展学生思想政治教育的重要补充。大学生社团可以分为不同的类型。按照活动开展形式和成员参与目的，可将社团大致分为理论学习型社团、学术科技型社团、兴趣爱好型社团、社会公益性社团等类型。理论学习型社团是以成员的理想信念、志向相同为基础而建立起来的社团，是以时事政治活动和政治理论学习为主要内容的团体。如"学党章、学马列"小组、邓小平理论研究会等。这类社团聚集了大批品学兼优的学生，他们有共同的政治观点和政治态度，思想道德素质处在相同或相近的水平上。此类社团是大学生世界观、人生观、价值观教育的重要载体。学术科技型社团，一方面是指围绕专业学习，进行学术研讨、学术交流的学生社团，通常以讲座、研讨会、组织比赛等形式开展活动。如英语俱乐部、文学社、普通话交流协会、读书交流协会、文化交流协会等。另一方面指以科技活动为纽带，如计算机爱好者协会、电脑协会、计算机俱乐部等。兴趣爱好型社团，以学生兴趣爱好相同为基础，为满足学生发展的心理需要，丰富学生的课余文化生活而成立的，这类社团涵盖范围广泛，活动形式活泼，活动趣味性强，涉及文学、体育、文艺、语言、影视等多方面，如记者团、书法协会、动漫协会、摄影协会、书画协会、武术协会等。现在一些"流行社团"也不断涌现，如美容协会、动感手机俱乐部等。社会公益性社团，这类社团是指运用自己已掌握的知识和技能进行活动，主要以服务社会、承担社会责任、锻炼自我为目的，通常以操作性较强的实践活动为主要活动方式，如环境保护协会、红十字协会、"三农"问题研究社、红烛协会等。这类社团成员能够自觉奉献社会，为社会弱势群体提供服务，在服务中培养爱国主义精神，体现人文关怀等。

项目型群体是指为了解决某一问题、完成某个任务而临时组建的短期的团队群体，待问题解决、任务完成后该群体便会解散。项目型群体同具体的项目目标直接联系。当今大学校园里存在的项目型群体主要有学生工作室、科研团队、创业团队等几种类型。

此外，老乡会等自由组织也是流动群体的组成部分。老乡会是大学生流动群体的另外一种特殊形式，它是以地理方位为界线，以相同的语言和习俗为基础，以乡情为纽带而自发形成的一种非正式组织。成员之间互利互信，在乡情乡音的感召下，坦诚交往。老乡会在很大程度上满足了特定学生群体的交往需求，缓解了学生因远离家乡而产生的陌生感和孤独感。

2．大学生流动群体的特点

大学生流动群体是广大学生按照某一共同喜好而自愿组成的群众性团体。在其建设和发展过程中存在着组建及运转的自主性、类型及内容的多样性、成员参与的广泛性及组织结构的松散性等特点。

（1）类型及内容的多样性。网络时代信息技术的快速发展极大地拓宽了学生获取知识和信息的渠道，这促使学生对精神文化有了更高的需求。简单的食堂—教室—宿舍"三点一线"式大学生活模式已不能满足新世纪大学生的需求。大学生流动群体的产生和发展，使之呈现出活动类型多种多样、活动内容丰富多彩的特点。以社团为例，近年来，高校社团除了传统的体育、文艺、科技和社会公益等类型，还出现了如网络虚拟社团、跨校社团等新型社团。社团活动内容涉及政治理论学习、科学技术探索、文化娱乐体验、志愿服务开展、社会实践考察、创业技能提升等更多方面，社团的组织形式和活动方式也各有特色，既符合学生需求又新颖独特，充分体现出新时代流动群体的特点。不同类型、不同层次的活动在一定程度上满足了广大学生求知和施展才能等多方面的需要。

（2）组建及运转的自主性。现代高等教育逐渐改变了过去重知识传授、轻能力培养，重课堂统一教学、轻课外知识拓宽的传统教育模式，强调尊重学生的个性发展，促进学生的全面发展，以适应市场经济对人才的多样化需求。在这种教育理念和教育模式下发展起来的流动组织，因充分尊重和体现了学生的主人翁意识，备受学生欢迎。学生在组织的组建及运转中有较强的自主性，群体组织的负责人自愿承担发起和组建工作，承担着确定发展方向、内部管理和活动设计等方面的工作，学生按照自愿原则加入组织、参与活动。学校和指导教师只负责宏观指导。以学生社团为例，社团组织的成员皆为有着某一共同爱好的大学生，他们自愿加入组织，组织的日常活动完全是依据组织目标，由成员自行策划、组织和实施的，具有高度自主性。这类组织有利于培养和激发学生自我教育、自我管理、自我服务的意识和热情，有利于培养学生的主人翁精神。

（3）组织结构的松散性。大学生流动群体作为学生自愿组织、自愿参加的群众性群体，对成员的约束力不强。具体体现在以下几点：一是组织管理方式的松散性。多数流动群体与学校行政部门间没有明显的隶属关系，而是保持关注和指导的关系，因而流动群体往往缺乏有利的场地、资金和政策的支持，缺乏及时有效的指导。二是组织成员的不稳定性。大学生群体的关注内容广泛，其兴趣爱好也很容易转移。如果对某一流动群体的主要活动内容失去兴趣，就会选择离开。反之，如果某一热点问题受到广泛关注或某一行为方式流行起来，相关流动群体就会出现生机勃勃的景象。此外，由于群体成员覆盖面较大，各种性格的人群聚集，容易使组织的内部产生分化、矛盾和冲突，也会影响组织的稳定。

（4）成员参与的广泛性。丰富多彩、形式多样的组织活动为广大学生提供了充实的课余生活和展现个人才能的多种渠道：不同年级、不同专业、不同性格、不同民族的学生都有机会选择参与到流动群体组织的活动中来。目前各高校都有很多学生社团，不仅在校园内影响力很强，在校园外也产生了很大影响。

（二）大学生流动群体的管理与引导

面对新时期的新挑战，进一步科学整合资源，加强和改进大学生流动群体的管理，科学有效地引导大学生流动群体的良性发展，不仅是适应高等教育改革发展和大力推进素质教育的迫切需要，也是新时期高校人才培养和校园文化建设所面临的重要课题。

1. 立足校园、面向社会，将流动群体打造成素质教育新平台

大学生流动群体是校园文化建设的重要力量，高校教育管理者可以充分利用流动群体自身的优势，立足校园、面向社会，打造素质教育新平台。一方面，引导大学生流动群体将活动开展与学生专业学习相结合。大力开展与所学专业结合比较紧密的社团学术活动，促进学生专业学习，完善知识结构，提高专业素养。另一方面，指导学生社团等流动群体开展与日常学习生活相关的主题鲜明、内容丰富、形式多样的社会实践活动，使学生既在社会实践的过程中体会理论的指导作用，及时发现自身的不足和问题，同时又在实践中不断丰富和发展理论。鼓励社团之间加强交流与合作，推出跨校际联合活动，实现社团的优势互补和资源共享，促进社团的发展，扩大高校学生社团的影响力。利用社会的广阔舞台和丰富资源，来充实学生社团活动的内涵，达到最后从学校走向社会、服务社会的目的。此外，随着经济的全球化、国际互联网络的广泛应用，学校要鼓励学生社团和世界各国高校学生社团加强联系，扩大社团的发展空间，通过交换信息、交流经验，展示中国高校学生社团的风采，同时学习外国社团的经验促进自身的发展。

2. 提升格调，打造品牌，营造高品位的组织文化

组织文化通常是指一个组织在长期发展过程中将其成员凝聚结合在一起的行为方式、价值观念和道德规范的总和。与文化配合的管理才可称之为卓越的管理。引导大学生流动群体营造高品位的组织文化是大学生教育管理工作的高层次要求。创建积极健康、高雅向上的组织有助于学生受到文化的感染和熏陶，更为明确地参与组织活动。引导大学生流动群体营造高品位的组织文化主要包括两个方面的内容：一是结合学校传统，凝练形成特色组织文化。每所高校都有自己独特的建校背景和发展历史，也有着个性化的办学理念和育人目标，这是校园文化的基础。大学生流动群体组织文化的建设可以结合学校培养目标与办学特色，打造品牌活动，营造健康向上、积极进取的文化氛围。例如，在师范类院校中依托以提升学生教师技能为目的而创办的社团开展教师技能大赛等活动。二是树立精品意识，打造品牌群体组织。大学生流动群体要真正树立自己的品牌，需要通过提升成员素质、开展精品活动、加强舆论宣传等多方面来实现，通过打造一批如"三下乡"暑期社会实践等被广大学生熟知，具有传承性和现实意义性的精品活动，进而促进组织品牌的形成。

基于此，学校可以在群体中引进竞争机制、奖励机制和淘汰机制。以学生社团为例，由学生社团联合会统一制定详尽的考评细则，定期对社团进行综合测评，根据测评成绩，分别进行各类别社团的内部排名及校内总的排名，激发同类别社团及跨类别社团间的竞争，用良性竞争促发展。对于测评结果优异的学生社团进行奖励和表彰，对于没有开展活动能力或者不具备运行条件的社团予以淘汰。通过以上三种机制的综合实施，进一步促进学生社团纵向发展，增强学生社团存在的意义，提升社团品味。

3. 科学管理、重点扶持，促进流动群体的可持续发展

实现大学生流动群体的良性健康发展需要运用科学的管理理论和方法，并坚持管理与扶持相结合。对流动群体实施科学管理，可以从以下几方面入手：一是要严把组织入口关。以学生社团为例，成立学校社团联合会，充分发挥学生社团联合会的组织管理和服务功能。学生申请成立社团，首先要按照相应规定向社团联合会提出书面申请，明确提出社团的宗旨、章程、负责人等。社团联合会要严格审核各项资质、认真履行审批手续。二是要加强对负责人的管理。负责人是组织的领导核心。组织活动的方向、质量及目标的实现都与负责人的决策和影响紧密相关。要选聘德才兼备的学生担任负责人，定期考核，有计划地组织培训，不断提高其政治素质和工作水平。三是要加强对活动的管理。为保证活动的质量，可鼓励流动群体采用项目管理形式开展各项活动。这对鼓励学生积极参与活动、锻炼其能力和提高活动质量与效率，都会发挥积极作用。

高校应该重视流动群体的积极作用，关注、重视其建设和发展，并给予重点扶持。具体来讲，一方面鼓励思想觉悟高、业务能力强的教师做流动群体的指导教师。另一方面改善学生社团的办公条件和活动条件，添置必要设备和物资，通过组织的力量帮助学生社团解决一些实际困难，为学生社团工作的有效开展创造有利条件。

第四章　大学生管理模式的多样化发展

大学生管理涉及大学生的方方面面，包括大学生的思想、心理、身体、学习、生活等诸多方面，对学生的知识汲取、品格陶冶、个性发展有着深刻的影响。但是，随着高等教育规模的扩大、教学管理模式的改革、学生公寓管理的社会化等一系列高校改革政策的实施，一方面使大学生的思想行为等发生一系列的变化，另一方面给高校的学生管理工作也带来了新的挑战。因此，探索适应新时期、新挑战的大学生管理模式成为必然。

第一节　高校学生人格化管理模式

综合各国对于新时期人才的要求，我们可以发现，现代的人才需要更多的能力和素质，肩负了更多的使命。例如，要具有良好的社会责任感，要树立明确可行的生活目标，要具有学习能力和创新能力，要具有不断适应时代需求的能力等。上述一系列能力的培养都需要一种现代的、注重学生内涵培养的管理模式。人格化的管理模式注重对大学生内涵的培养，巩固、发扬已形成的良好的内涵，革除不好的甚至是劣质的品质，开创新的精神，这对于大学生的成长、对于大学文化的繁荣都有重要意义。

一、人格化管理模式的内涵

所谓人格化管理就是在管理过程中充分注意人性要素，以充分挖掘人的潜能为己任的管理模式。人格化管理是一种"以人为本"的管理方法，就是从管理的指导思想到具体的管理原则和方法，都是从人出发，以人为核心的管理：它的实质在于充分尊重和理解被管理者的个性和创造才能，充分调动他们的主动性、积极性、创造性，并使其更好地投入工作中去，更有效地实现组织目的。至于其具体内容，可以包含很多要素，如对人的尊重，充分地激励，给人提供各种成长与发展机会。

同一班的学生也会有一定的共性，呈现出各个班级不同的风貌，形成不同的"班级人格化"。这种状况也出现在大学宿舍里，形成"宿舍人格化"。

大学校园还存在其他很多方面的人格化，这些"人格"都是从心理学角度定义的，指的是这一类人的内涵。这一系列的人格化与大学生能否顺利步入社会，积极参与竞争，收获事业、生活有很大关系。

二、"学校人格化"管理的实施

"学校人格化"的管理工作要从以下几个方面实施。

首先，强化规章制度的管理。

其次，确保良好的学习环境和学习氛围。

再次，形成良好的精神风貌。

"学校人格化"管理属于学生管理的高级层面，掌握着整体的动态，起着统筹、规划、指导的宏观作用。这类管理要从领导层面出发，在学校的基础设施、师资力量、学术建设等方面投入更多的人力、物力、财力。制订相关的工作计划，树立长远目标，要务实求真，不可急功近利只图表面功夫。

三、班级、宿舍人格化的实施

班级、宿舍作为学校管理的基层单位，起着非常重要的基础作用。基层人格化要从以下三个方面努力。

（一）个别学生发挥人格力量

在一个班级中，总会有在领导方面有突出能力的学生，这些学生的人格力量影响着"班级人格化"。个别学生人格力量的发挥会引导、带动其他学生，对"班级人格化"起到调动作用。但个别学生的人格力量又有积极、消极之分，积极的人格力量会对班级和其他学生起积极作用；反之，会带来消极的影响。因此，学生人格力量的发挥需要辅导员的控制，辅导员要把握尺度，引导、鼓励积极人格力量的传播，化解消极人格带来的不良影响。

（二）教师、辅导员等教育工作者发挥人格魅力

对学生尤其是新生而言，教师、辅导员等教育工作者代表了权威，在他们心中形成了一种特殊的地位。学生对他们崇拜的教师、辅导员会特别地尊敬并存在模仿的现象。辅导员是"班级人格化"管理的组织者、策划

者、调控者和实施者，教师则是管理最主要的辅助者，这两者在"班级人格化"管理中发挥着重要作用。因此辅导员要树立良好的工作态度、生活态度和办事作风，以便更好地感染学生；教师要有严谨的治学态度，感染学生树立良好的学习态度和工作态度。教师和辅导员要给学生树立榜样，促使"班级人格化"向良好的方向发展。

（三）"宿舍人格化"管理要注重细节

辅导员要选那些热心、负责任、宽容大度、积极为同学办事的学生担任宿舍长，用他们的能力管理宿舍，用他们行动感染宿舍的其他学生；还要建立良好的宿舍环境，搞好宿舍卫生，形成和谐的舍友关系，创建多彩的宿舍文化等。"宿舍人格化"的形成为其他方面的人格化奠定基础，为学生的生活创造良好环境。

第二节　高校学生社区化管理模式

随着高校社会化改革的不断深入，高校学生社区化管理也应加强重视。学生社区应该成为培养德、智、体全面发展的"四有"人才及"管理育人、服务育人"的重要阵地，应该是影响大学生成长、成才的重要环境和学校精神文明建设的窗口。因此，高校学生社区化管理应该成为高校改革的重点，有些传统的管理模式已不能适应高校的发展，学生社区化管理势在必行。从高校社区化管理的发展方向看，不断完善学生社区的教育管理机制，积极探索学生社区管理的新思路、新办法，建立与传统的班级管理模式差距较大的新型大学生社区管理模式是今后发展的方向。

一、高校学生社区化管理产生的背景及科学内涵

（一）高校学生社区化管理产生的背景

1. 适应学生群体特征

加强和深化高校思想政治工作，需要一种更切合实际、具有实效的教育管理新模式。高校学生思想政治工作者，必须根据变化了的情况，及时调整工作思路，做出应对之策。面对高等教育的日趋现代化和国际化，高等教育改革的不断深化，高校改革向纵深发展的新形势，高校学生社区管

理如何坚持社会主义办学方向，如何坚持办学宗旨不动摇，是一个值得认真研究和探索的实践课题。近年来，很多高校在开展党建与思想政治工作以及日常教育管理工作方面，与时俱进，不断创新，探索出了一条符合形势发展要求和高校实际的学生教育管理新路子，即高校学生社区化管理。高校学生社区化管理是加强和深化新时期高校学生思想政治工作的需要。

2. 中国高等教育现代化和国际化发展趋势需要一种符合高校学生教育管理的新模式

为了克服高等教育规模不断扩大带来的后勤设施不足，中国高校借助国外发达国家高校后勤社会化的管理体制，或引进社会资金，或集资联建，或贷款与集资相结合，大力兴建学生公寓，并推行了后勤社会化管理，较稳定快速地解决了学生的住宿、餐饮、娱乐等一系列学习、生活、文化活动设施存在的经费短缺的问题。但后勤社会化却带来了高校管理的"二元化"问题，即对学生的学习实行的是与西方高校不同的传统教学行政管理，而对大学生的生活却推行了类似西方大学的社会化管理，在教学计划行政管理与社会化管理事实上存在着"两个体系"。高校学生工作面临的挑战是：怎样将"行政管理"与"社会化管理"两个体系合二为一，从而达到对学生人格的教育的统一。在这种新情况下，高校实行社区化管理势在必行。

3. 中国高等教育改革和发展不断深化需要改革传统管理模式

面对高等教育的改革和发展的现实情况，尤其是高校学分制改革的逐步深化，传统的班级概念趋于淡化，以班级作为思想政治教育基本组织形式和主要工作渠道的情况正在改变，社区越来越成为大学生学习、生活的重要场所。同时，随着高校后勤服务社会化步伐加快，学生社区的环境氛围、社区的文化设施和社区管理服务的质量如何，以及社区管理模式怎样，这些对传统的高校学生工作提出了新的问题。因此，高校社区化管理被提上了议事日程。高校学生社区化管理是适应高等教育改革与发展的时代要求。

（二）高校学生社区的内涵

随着我国高校改革的进一步深入，以寝室为单位的学生社区的地位日益突出。学生社区是社区概念在学校管理中的反映，学生社区是大学生在校学习、生活、休息的基本活动场所。社会学研究表明，社区首先是一种地域上的存在，其次"它的实质是人的聚居与互动"。就第一层意思而言，社区的特点是居民的共同居住。第二层意思则表明社区具有文化功能。学生社区也是一个社区，就一所高校而言，它指这所高校的所有寝室和周边环境（学生公寓）以及这种环境所能达到的最大的育人功能。

与社区概念相对应，这一概念也包含两个内容，一是指区域环境，二是指文化功能。区域环境即是指：一方面，学生社区是校园的区域组成之一，是校园内的地理分区，是学生的居住区；另一方面，学生社区也是学校的一个重要管理区，就社会组成结构来讲它是组成学校管理的结构之一，学校与学区存在某种程度上的隶属关系。不过，在完全学分制实施的背景下，学生群体间专业、班级甚至年级的界限日益模糊，作为学生的居住区其地位也应随之上升，以满足学生以居民身份与学校以及相关社会机构进行实质性对话的要求。文化功能更多地表现为社区人文环境与居民生活的相生相融，成为社区居民接受文化教育的主要阵地。学生社区在文化功能上还要承担更多的责任，要确保"文化为了教育，教育为了学生"，它具有更加鲜明的目标和内容指向。

高校学生社区的主要功能，就是要使社区成为高校德育工作的一个有效的有机环节。它承担的主要任务是为未来社会培养合格的社会公民，从社区角度出发，即要培养适应社区生活，与社区和谐相处的居民。一个社会的现代化归根结底是人的现代化，是人的意识和人的才能的现代化。社区作为社会构成的单元部分，它的现代化更离不开其居民即社区成员意识的现代化。因此培养具有社会意识的现代人必然成为现代教育的任务之一。学生社区作为社区的特殊形态，同样要求其居民（学生为主体）以社区理念处理社区事务。从这一角度讲，学生社区承担向居住其间的不同年龄、不同性别、不同生源、不同专业的学生灌输现代社区意识，将其培养成为积极参与社区事务、能适应并完善未来居住环境的合格居民的任务。因此，学生社区更像一个准社区，就如同学校向各行业输送人才一样，它负责向未来的社区输送高层次的居民。

由此可见，区别于城市一般社区和农村社区，学生社区是附属于学校的，由定期流动的学生和相关管理人员组成的，在具备相应的物质功能同时，还应形成其相应的育人功能的一类特殊形态的社区。它不单有显而易见的区域含义，同时也具有育人的功能，即通过整个学生社区成员（主要指学生）的积极参与和依靠学生社区的创新精神来完成其育人功能。同社区一样，"学生社区"一词也有一种温暖的劝说性的意味，它是一种情感力量，让学生具有对物质环境的归属感。在同一学区里，不同学生的关系建立在相互依存和互惠的基础之上，这种互惠和相互依存是自愿的、理性的，是通过自主参与实现的。学生参与是学区存在的反映，只有通过学生参与才能使学生的多样性以及他们归属学区的不同方式具体表现出来。

（三）国内高校学生社区的分类

就现存的全国各地大学生社区的现状来看，目前主要存在三类管理模式的大学生社区。

1．跨省（市）的大学城社区

这类学生社区的特点是规模大，入区的学校多。从入区大学所在的省（市）来划分，既包括大学城所在地的大学，也包括外省（市）的大学；从入区大学的性质来划分，既包括理工大学，也包括综合性大学和专门性大学；从入区的学校层次来划分，既包括研究型的本科大学，也包括专科学校和职业技术学院。这类大学城社区管理体系有待加强。

2．同省（市）的大学城社区

这类大学城社区的特点是，规模较大，入区的高校多的有数十所，少的也有几所到十几所，入区的大学属于本省（市）的大学。如重庆市的虎溪大学城，其入住的学校就有重庆大学、重庆医科大学、重庆师范大学、四川美术学院、重庆科技学院等十几所高校；上海市的松江大学城，入住的有复旦大学影视学院、东华大学、上海外国语大学、上海工程技术大学、上海对外贸易大学、华东政法学院、立信会计学院等 7 所高校；广州市的广州大学城有中山大学、华南理工大、华南师大、广东工业大学、广州美院、星海音乐学院、广州大学、广州外国语学院、广州中医药大学、广东药学院等 10 余所高校；南京市的仙林大学城有南京师范大学、南京中医药大学、南京财经大学、南京邮电大学、南京森林公安高等专科学校等 10 余所学校；武汉市的黄家湖大学城也是一个规划占地约 50 平方公里，规模达到 20 万学生的大学城。

3．由一所具有一定规模的大学构建的学生公寓式社区

这类学生社区的特点是，在原学生宿舍区的基础上，进行管理模式上的改革，即对原有计划经济条件下的学生宿舍式管理模式，实行后勤社会化改革，实现社区式管理；随着学校规模的扩大，对新建的学生宿舍实行社区化的管理。这类由单个学校构成的公寓式学生社区目前全国也不少。以重庆为例，重庆交通大学、重庆邮电大学、重庆工商大学等，其学生公寓式社区即是这类社区。

二、高校学生社区化管理的现状

（一）高校学生社区化管理面临的机遇和挑战

全面实施学生社区化管理已经迈出了我国高校学生思想政治工作中具有代表意义的一步，在国内各高校先后进行的各种形式的理论研讨和实践探索，解决了部分理论和操作问题。但是全国高校地域分布广，地域和办学特色不一，教育环境和教育条件参差不齐等因素决定了任何一种管理模式的完善都要经历一定的过程。社区化管理在实践探索过程中仍存在许多具体挑战，表现在以下几个方面。

第一，内部机构关系和运作方式尚欠科学和完善，构建并处理好教育、教学、招生就业三大平台之间的关系，需要进一步处理好教学管理与教育管理、社会化服务管理与教育教学管理之间的关系，科学分析和分配学生教育管理平台内部机构间的权重等。

第二，对实施学生社区化管理的后继问题重视程度和研究不够，前瞻性理论探索较少。例如，随着改革的进一步深化，政治、经济、社会、文化、教育等诸多方面将会出现许多新的变化，学生社区的管理如何适应这些变化对这样的问题就缺乏研究。

第三，急需提升学生社区的价值，即使学生社区在学校机构设置、运行体制、社会效益、育人过程中体现出更大的效度和影响力。

第四，在跨省（市）大学城和同省（市）多所大学集聚的大学城，存在着学生社区管理不统一的问题。由此可能导致一些不稳定因素从管理的薄弱环节滋生，有可能酝酿成影响全局稳定的因素。

（二）高校学生社区化管理实践

1. 单一院校学生社区管理模式

这类学生社区管理学生来源单一，规模相对较小，管理容易到位。因此通过社区党总支、支部、学生党员接待室、社区团组织、社区学生会、心理咨询室等的构建，就形成了从学校党委行政到社区学生寝室的完整管理体系，使各类社区管理中容易发生的问题能得到及时有效的解决。这类管理模式总的来说比较成功。

2. 跨省（市）大学城与同省（市）集中多所高校的大学城社区的学生管理模式

跨省（市）大学城和同省（市）集中多所高校的大学城社区的学生管

理的特点是，城区规模大，学生人数多，基础设施可以得到有效利用，在生活管理上可以取得相应的效益。但与之相对应的是，正是由于学生人数多、涉及的学校多，因此，在管理上也容易出现某些漏洞，这种管理的漏洞主要不是寝室管理的不规范，或者教学设施使用上的混乱，事实上，一个大学城在学生寝室的管理上是完全可以统一规范的，其教学设施也可以更好地充分利用。这里的管理漏洞，往往更多的是指各个地区、各个学校对学生管理要求的不一致、不统一。因而就可能出现这样的情况，有的学校管得严格，有的学校管得相对宽松，这一严一松中，就可能出现管理信息上的不完整，问题就可能从薄弱部分反映出来。用管理学的术语来表述，就是"木桶效应"，即木桶里的水会从箍桶板中最短的一块木板中漏出来。，教育部 2017 年 2 月颁布实施的《普通高校学生管理规定》第四十三条规定，"任何组织和个人不得在学校进行宗教活动"，各高校都应当坚决执行。但如何将这一规定严格认真执行则是一个管理工作者需要研究的问题，因为过去个别高校曾经出现过非法传播宗教的活动，往往是秘密进行的，如果我们的大学生社区管理不到位，这种非法开展的宗教活动就可以从管理薄弱的大学生社区入手，待时机成熟之后，再扩大规模，如果那时我们再来制止，就会花上更大的力气，从管理学上说，制止的成本就会更大，从政治学角度说，就会产生不良的政治影响。因此，跨省市大学城管理上需要解决的问题是如何在发挥规模效益的同时，避免由不同省（市）、不同高校在学生管理制度上的非一致性而产生的薄弱环节。

与跨省（市）大学城一样，单一省（市）大学城充分利用基础设施、扩大管理效益的优势也是明显的，但同样存在各高校间学生管理不一致的问题。这种不一致，不仅源于各高校之间的专业特色，也源于各高校的定位：有的是研究型大学，有的可能是教学研究型大学，有的是教学型大学，有的是综合型大学，有的是多科型大学，有的是专门的学院（如医科、工科、农业、教育等），有的是职业技术学院等。同时，还存在着不同高校对学生管理的认识不一致的情况。有的非常重视，可能在管理上就做得比较细，有的认识可能不到位，管理就有疏漏。这种管理上的不一致，将可能导致大学生社区出现一种"东方不亮西方亮，黑了南方有北方"现象，使一些看似不起眼的小事因信息反馈的不及时，管理的不到位而酿成工作失误，甚至造成不利于稳定的群体性突发事件。

与单一高校组成的大学城出现工作失误造成的影响不一样，跨省（市）大学城和同省（市）中由十余所高校组成的大规模学生社区，如果出现了失误，所产生的影响与后果将会比规模小的单一高校大学生社区严重，因为人数达 10 万甚至 20 万的大学城，如果爆发学生群体性突发事件，不仅仅会影响到这个大学生社区的教学与正常生活，同时在转型时期，由于各种矛盾凸显交织，这种事件如果处理不好，有可能引起连锁反应，波及附近的市民与工业企业，导致社会不稳定甚至发生动乱。因此，如何加强与细化这种规模大的大学城学生社区的管理，是一个值得认真研究的重大问题。

三、高校学生社区化管理的对策和成效

（一）优化高校学生社区化管理的对策

1. 社区化管理的关键是完善运行体系、解决机制问题

机制是不可或缺的软件，建设好学生社区需完善三大机制，即学生社区运行机制、学生社区志愿者参与机制和学生社区的内部激励机制。

学生社区的运行机制是学生社区得以正常运转的前提。运用学生社区公共设施和相关权力，以满足服务需求为目标，不断提高服务质量，保持服务的功能成本，长期维持服务的再生产，这种周期性的进程状态即是学生社区的运行机制。这一机制本身说明学生社区组织的非营利性，或者说非营利性是学生社区行为的特征之一，是学生社区自我服务、自我调节功能的体现。不断地实现这一机制良性运转的关键是服务质量，服务质量同样也是确立学生社区形象的基础，是学生社区存在必要性的证明。

学生社区的志愿者参与机制是培育学生社区人文生态环境的深层次社会文化问题。在西方发达国家，社区的志愿行为是社区存在的基石。在学生社区中建立一支具备一定数量和质量的志愿者队伍不仅是一种管理现象，更是一种文化现象。事实上志愿者本身即是社区意识的内在有机组成部分，是社区成员积极参与社区事务的显性表现。在学生社区，志愿者的行为是建立一个以人为本，文明互助，共同参与的和谐学生社区的重要途径。

学生社区的内部激励机制是学生社区凝聚人心、发挥作用的保证，学生社区的非营利性能否像企业一样产生关注效率的动力呢?这是一个复杂的问题。其一，非营利性组织的动力主要在于获得居民的满意和社会的认可，这是一种深层次的心理需求。市场经济导致人们为利而动，在这种情况下，为他人和社区努力工作的人尤其会得到他人和社会的尊重。其二，个人运用社区职能通过解决社区矛盾进而解决个人问题，是个弥补个体力量薄弱无法对抗集团侵害的有效途径。一个发育良好的学生社区环境通过

事务公开化、透明化，将工作者的各种努力、困难、成绩和失误显现出来，靠来自外部的反应去推动自己努力改进工作，从他人眼中看到自己的状态从而调整自己的行为，进而完善自我，即学区的内部激励机制。

2. 借鉴国内外高校学生教育管理模式，不断加强实践探索和理论创新

传统的学生工作观念一直轻视寝室的育人功能，将寝室当做完全的物化性存在，因而在实际工作中只重视学生对生活环境的维护与保持，没有自觉地发挥学生寝室作为学校育人工作环境之一的应有作用。同时，由于工作视角单纯停留于单个寝室，而未能将以寝室为单位组成的学生社区纳入视野，我们也很少注意学生社区育人功能的发挥。再者如前文所说，学生社区不仅有区域概念，同时也具有育人功能，然而基于这一功能的隐性特征，我们未能加以准确地把握。以上种种观念观点误区导致我们未能认真地思考学生社区的作用，自然不会进一步去考虑如何建设好学生社区了。

在高校，学生的专业教育一般由各个教学系（院）来完成，学生的思想政治工作则由学校和学院具体的学生工作机构来完成，学生的物质生活需求由后勤部门来满足，而对学生进行未来生活训练，培养其成为遵守社区规范，具备相应社区意识的文明公民的教育任务却没有一个成型的组织来承担。这无疑是大学教育的一个疏漏，从这个角度讲，建立大学生社区，完善学生社区管理是完善高校育人职能，优化高校育人环境的必要举措，是当前高校学生工作迫切需要解决的问题之一。只有意识到了这一点，自觉地将学生社区建设纳入到学生管理工作中去，并给予其应有的地位，学生社区培养社区现代公民的育人功能才有实现的可能。因此，要加强理论建设和创新一定要贯彻开放办教育的理念，不断增强学习意识与开放观念，不断加强理论建设。高校学生社区化管理需要改革者的开放观念和博大胸怀，通过不断比较发现差距，促使在社区化管理的过程中自觉主动地探索理论，积极准备改革所需的条件，应提倡各高校之间的交流与合作，互促互进，在实践中不断积累宝贵经验，应夯实理论基础，加强理论建设创新，为高校学生社区化管理向纵深发展而共同努力。

3. 教育管理结构和"管""教"关系的调整和平衡

学生社区建设是一项系统工程，必然需要对原有学生社区管理结构进行调整，科学处理教育和管理的职责权关系。首先必须结合高校实际对原有学生工作进行结构性调整，并建立健全相应的规章制度，要从根本上解决这些问题，还需要处理好管理载体、教育平台、育人方式等全方位的问题，头绪纷繁芜杂，加之无成型的经验可借鉴，面临的问题和难度都还较大。但以结构调整作为切入点，是一个比较可行的思路。要处理好以下几个关系。

（1）处理好校学工部门、团委与学生社区总管委的关系。学生社区总管委是校学工部的职能部门之一，是学生社区管理中最具有实权的管理层次，尤其在实现学生社区的维权功能方面，其作用更加明显，学生社区主要通过总管委实现与相关部门的平等对话，解决实际问题。团委介入学区管理，主要体现存对学区成员的思想教育与严格管理方面。各学院的学生工作办公室的主要负责人一般也是学院的团总支书记，因此共青团这条线的介入有利于加速形成一支由各院（系）团总支专职干部、各学生辅导员组成的宿舍思想教育、纪律管理、寝室内务管理队伍，有利于各项活动的协调，保证宿舍后勤管理的顺利开展。同时，团委是学生思想政治工作与校园文化工作的主角之一，团组织又直接指导各级学生会组织，有利于将寝室文化活动纳入整个校园文化建设中去综合考虑，从而引导寝室文化向高层次发展。

（2）处理好校学工部门与社区的关系。对于单一高校组成的学生社区而言，这层关系得以体现某种专业特色。以专业安排学生寝室的高校，可使整片宿舍区基本上也成为一片专业区，很多基层工作需要这一层面来组织和解决。高校学生工作部可以通过本校学生会来协调与支委的关系，这其实也是将基层学生工作重心由班级向寝室转移的一种方式，从而使学区成为校园内各项学生活动展开的活跃区域之一。对于多所高校组成的大学城而言，这种关系还必须增加一层关系，即各学校学工部门与大学城管委会之间的协调关系，各类管理工作与活动除了考虑本校的相关特色外，还应与大学城管委会协调，通过管委会与大学城内其他高校协调，使其活动或管理产生更大的规模效应。

（3）各级学生社区与社区总管理委员会之间的纵向关系。各学生社区管理委员会在人事安排上是一致的，都是根据三大职能安排负责人。学生社区总管理委员会由专职政工组成，负责相关政策制定、处理学生社区与校内外各社会机构关系、领导学生社区等工作。各分委的工作重点落实在学院一级，它依托学生专业而保持相互之间的独立性，同时与总管委保持一致性。各支委是学区管理的基层组织，它直接与楼层和寝室发生联系，同时也可在力所能及的范围内与相关单位交涉学区事务，因此也应具备相对的独立自主能力。

（4）制度和机构设置要同步。为了学生社区工作的顺利开展，制定诸如《学生社区居民公约》《学生寝室管理条例》《学生社区安全保卫制度》《干部教师联系学生社区制度》等相关制度是必需的。但从目前学生工作的状态来看，能否保障学生社区管理委员会具有相应的学区管理权利，能否保障学生作为学区居民与学校、后勤等部门具有平等对话的权利以及能否保障学生通过民主渠道参与学区乃至学校相关事务是影响学区生命力的决定性因素。

（5）根据学生社区职能，设立相应的管理机构。从人事角度处理，在大学城管理总委、分委、支委上各自安排人员以执行这三大职能。学生社区管理支委设学生社区区长一名，副区长一名，志愿者队长一名，也可根据实际情况适当增加管理人员数量，从而形成学生社区区长、志愿者队长、楼长为主的学生社区管理基层机构。校院级学生社区管理机构可在原有学生寝室管理机构（例如寝管会）的基础上合理增加或加强学生社区的相应职能（例如学生权利维护等）。这种管理方式并未对原有的学生管理结构作大幅度的调整，从而使其更具有现实的可行性。学校、学院、楼层（或公寓）三级管理有助于发挥三者的不同优势，校学工部、院学工办和院学生会的介入使学区工作顺利的纳入原有学生工作轨道，从而保证原有学生工作的连续性，方便学校相关部门对学区工作进行帮扶指导。当然这种管理布局也不是适合所有院校，对于学分制下学生打破专业界线随机生成寝室成员的高校，这种方式便不适用了。对此，还有一种更加彻底的解决办法，即在学生会组织直接设立在各个学区之上，由校学区管理委员会和校团委直接指导各个学生社区的工作。

（6）细化管理规章，解决管理的薄弱环节。这对于多所学校组成的大学城管理尤为重要。一定要通过管理规章的细化与统一，解决不同学校在管理上的疏漏，杜绝那种利用不同学校管理体制上的疏漏而达到使某种不合理现象得以生存发展以致酿成大事故的现象发生。

现阶段，各地的学生社区建设面临许多新问题：学生社区规划问题，党的组织问题，学生社团活动如何与学区管理结合，学区矛盾与纠纷是否应用法律手段解决等，这些问题都会现实地摆在我们面前。但无疑实行学区管理是符合高校教育规律的，它体现了思想政治教育与规律工作相结合，融于学生具体生活实践的德育原则，提高了学生工作的规律层次，有利于学生自立、自主、自强意识的培养，有利于为社会培养具有现代人文意识、现代生活观念的社会主义新型公民。

（二）高校学生社区化管理取得的成效

实践表明，实施学生社区化管理不但可以较好地应对高校后勤社会化改革与教育教学改革给高校学生教育管理带来的新机遇、新挑战、新任务和新问题，而且使学生党建与思想政治工作的着力点更明确、体系更完善、育人机制更健全，对学生的教育管理成效也更明显。其主要作用表现在以下几点。

1．有利于优化服务和成才育人环境

在以社区党总支为核心的管理体系中，综合利用好各种服务机构，加强统一指导，能为学生的成才提供一个更加完整、科学、有序的体系和空间，使社区的管理和服务更加快捷、完备。社区化管理可以科学整合各种资源，增强教育管理合力，在社区管理体制下诞生各种健全、富有活力的社团组织，为社区创造了丰富多彩的科技文化氛围，为学生素质的拓展提供了更加立体的空间，对学生个体知识结构的完善、个性的培养和素质的拓展发挥了积极作用。从管理和经营角度提出社区的统一管理思想和教育理念，为学生的成才和教育机构的育人提供了更加优化的内外环境，能够有效保证高校连续扩招后教育管理质量和学生素质的稳步提高。

2．有利于贯彻"以人为本"的管理理念，更加优化育人效果

社区化管理营造出了以人文素质、健康成才教育等为主要内容的德育氛围。在这个氛围中，学生真正成为学校服务的对象和主体，自始至终坚持把学生的成才放在第一位。如果要在整个教育过程中真正地贯穿这一主旨，就必须为学生的成长与发展提供良好的物质条件，在此基础上创造良好的"求知、求真"的学术氛围，营造出一种以人文素质、健康成才教育等为主要内容的道德文化育人氛围，给予学生一种积极的引导，使学生在良性的德育氛围的感染熏陶下主动去锻炼、提高自己，最终培养学生良好的生存适应能力。

3．有利于增进各学校、各级组织与学生之间的交流和情感联系

近几年不断出现的学生与学校间的法律纠纷一度成为整个社会关心的热点问题，专家指出发生这些问题的一个很重要的原因是学生与学校之间缺乏必要的平等的交流与沟通，因此引发出学生、家长、社会与学校之间的诸多矛盾。而社区化管理改变了师生以前对社区化管理改革的消极认识及评价，通过政工人员和学生社区中的党团组织机构与心理咨询机构的工作，缩短了学生与组织间的空间距离和心理距离，进一步体现出思想政治教育应具备亲和力和感染力的特点，师生之间、学生与组织之间、学生与学校间的关系也更加自然和谐。

四、高校学生社区化管理的发展方向

（一）人性化管理趋势

人性化管理源自企业管理范畴，指以情服人来提高管理效率。通俗地讲，人性化管理的实质就在于充分尊重被管理者的自由和创造才能，从而使得被管理者愿意怀着满意或者是满足的心态以最佳的精神状态全身心地投入到工作当中去，进而直接提高管理效率。人性化的管理是情、理、法并重的管理，而不是放任管理。这种管理精神对高校的学生社区化管理同样适用。

人性化管理的核心是以人为本，充分相信学生的自我管理能力，尊重学生的权益，鼓励学生的自主和创新，不能把学生当作没有思想甚至没有自主能力的群体。高校学生社区化管理要实现人性化，管理者首先要看到每个学生身上的闪光点和个性，以亲和的态度去了解他们，关心他们，教育他们，进而管理他们。比如可以推进高校政工干部进入学生社区。学校选派优秀的学生工作干部进驻社区，与学生同吃、同住、同生活，社区老师经常深入寝室，了解学生的生活状况和思想动态，帮助学生解决实际困难，把解决学生的思想问题与解决实际问题密切结合起来。政工干部进社区，对转变政工干部的观念和学生的认识，加强学生与辅导员之间的沟通，拉近与学生的距离具有实效，能够真正做到使思想政治教育工作贴近学生学习、贴近学生生活、贴近学生心理，确保思想政治工作的有效开展。同时，社区管理者以身作则，也可以强化管理者的人格魅力。

人性化管理将对教育管理者提出更高的要求。要求放下管理者以上令下的特权，抛弃先入为主的视角，重新审视师生关系，科学处理制度与人的作用间的关系。人性化管理拒绝以制度和惩罚措施"吓人"，而是以管理者自身的人格魅力去教育人，去说服人，构建一种深层次的管理者与被管理者间的和谐关系。具体来说，学生工作部门和具体执行者要首先严格要求自己，做到制度制定的合理性、科学性和可操作性，制度执行的一致性和公平性，以及针对特定情况的灵活性；在接触到具体管理对象的时候要以人性的关怀和理解为管理动力，寻求二者间的良性互动，从而达到思想政治工作需要的效果。

（二）智能化管理方向

管理智能化，就是借助信息技术手段，建设学生生活网络和社区管理服务网络，用计算机等现代科学技术进行科学的管理和服务，体现高效管理，实施高效服务。将几幢学生宿舍形成的社区实行联网管理，学生进出公寓进行红外刷卡管理，减少管理人员，杜绝外来人员的进入；对社区内部的床位、电费、水费管理等都实行智能化管理系统；在此基础上增设学生社区 BBS、公寓管理员信箱和住宿信息、电话号码、火车时刻、住宿费、超额水电费、卫生考评等网络查询功能，将现实世界、书本世界和虚拟世界有机结合，通过网络服务平台为学生提供更加方便快捷的生活网络服务。

学生社区的智能化管理就是建立智能社区，进行各方面的管理，促使管理模式的合理化、管理方法的科学化。智能化社区的建立，对学生公寓的安全管理，尤其将学生进出、消防报警、用电负载识别等上升到一个全新的层面。广泛运用计算机平台的自动化技术和智能化技术开展这些工作，可以大大提高管理效率、准确性、可靠性和安全性，还可以解决许多单靠人力不能解决的问题。通过实时微机管理，随时了解入住学生的基本情况和日常动态，形成服务方与学生之间的双向联系，形成社区管理信息的流通，推进管理科学化、智能化的进程。

（三）转变服务观念，构建服务型社区

所谓服务型社区，就是在几个公寓形成的智能小区内建立新型的现代化的学生社区，为学生提供社会化的服务经营管理，并且成为社区的主要管理内容。学生生活社区是学生的生活区域，按照学生社区的管理模式，采用社区化的管理服务办法，着重在为学生提供优质服务上下功夫，形成新型的服务型学生社区。新型的学生社区建立后，富余出来的管理人员全部投入到学生社区中，为学生提供全方位的服务。在社区内设立各类服务网点，设立小型的超市、书店、洗衣间等配套服务设施，使学生在社区内部就可以获得多种服务。在社区的网点内设立学生勤工助学点，为学生提供社会实践机会。

学生社区建立的同时，要有基本的学习生活设施，要健全社区生活指南，以各种文体活动为载体，加强学生社区的文化建设，全面推进学生素质的发展。在学生宿舍内外建造和张挂由学生自己设计制作的各类人文景

观及人生格言、警句、艺术作品等。在学生社区内设立学生阅览室、广播台、宣传橱窗、文体活动中心及由学生参与勤工俭学的超市、书报亭等勤工助学基地。还可以在各社区内举办各种学生自编自导自演的大型文艺晚会、音乐会，主办篮球赛、演讲比赛、寝室设计大赛等丰富多彩的文化娱乐活动，寓教于乐。通过这些活动的开展，提高社区的文化氛围，提升学生的综合素质，使得学生社区不仅成为学生学习的园地、生活的社区，还成为开展思想政治工作和培养学生成才的坚实阵地。

第三节　高校学生宿舍管理模式

高校学生宿舍是大学生日常生活与学习的重要场所，是培养和锻炼大学生自我管理、自我教育、自我服务能力，有效地开展大学生的思想教育工作的重要阵地。因此，大学生宿舍的管理是高校管理中的重要组成部分，是观察学校整体管理水平的一个窗口，务必高度重视。

一、高校学生宿舍的地位和作用

（一）高校学生宿舍在学生生活中的地位

学生宿舍是学生日常活动的主要场所，在大学生活中具有重要地位。扩招后，高校的办学资源改善步伐相对滞后，教室、阅览室比较紧张，其他文化、体育、娱乐活动相对不足，学生的课余时间很大一部分是在学生宿舍度过的。学生宿舍的设施是否完备、安全，环境是否整洁、优雅、舒适，服务是否周到，生活氛围是否和谐，社区文化活动是否丰富多彩，管理是否科学、规范，将直接关系到学生的日常生活质量，影响到学生生理、心理的健康成长和良好行为习惯的养成。因而，加强宿舍建设对学生的日常生活至关重要。

（二）学生宿舍在学生教育管理中的重要作用

1. 学生宿舍是展示校风学风建设的窗口

一所高校的校风学风如何，不仅反映在教室、图书馆、实验室里，同时也反映在学生宿舍里。因为学生的学习态度、劳动观念、组织纪律观念、集体观念在许多情况下都反映在占他生活时间三分之一以上的寝室里面。

正因为如此，学校要协调学生思想教育与管理、后勤服务、安全保卫等各方面的力量，积极探索学生宿舍中学校教育、管理、服务工作的结合点，加强学生宿舍的管理服务和思想疏导工作，既为学生创造一个宁静整齐、文明清洁的环境，也是消除学生因受其他不良影响而产生的抵触情绪的一项有力措施。针对此特点，宿舍管理必须从管理育人、服务育人出发，努力挖掘潜力，积极改善住宿生活条件，把学生视为服务的对象，让学生得到应有的尊重和关心，这是维护学校稳定的重要举措，也是创建良好校风、学风的前提，对学生的全面发展、成长成才十分关键。

2．学生宿舍是思想政治教育和科学管理的结合点

学生宿舍作为学生在校生活的集中场所，在学生的基本道德修养、学校的教育培养目标完成方面起着重要的作用。学生在宿舍中的表现，往往与社会对人才培养的要求，与学校教育管理目标相联系。就当前大学生的精神与学习生活而言，主要存在以下一些倾向。

（1）在学生的自我意识、个人价值观念方面，比较注重追求与大学教育层次相适应的知识结构和文化娱乐，而忽视从社会的需要出发来完善自己。

（2）对一些水平高、影响大的活动感兴趣，也喜欢对一些深层次的社会现象、个人价值观念进行探讨，但却忽视个人劳动观念、清洁卫生习惯的养成和自我教育、自我管理、自我服务意识的培养。

（3）在宿舍建设中，比较注重为自己营造一个安乐窝，而不能与整个宿舍的管理保持协调一致。

（4）在宿舍人际关系方面，注重自我个性发展完善，而忽视宿舍作为一个整体应加以完善和提高。

（5）同学之间交往密切，言谈举止不拘小节，学校的一些管理规章制度在宿舍成员的相互默认中得不到严格的贯彻执行，甚至有些消极的东西，如学习风气淡漠，组织纪律涣散，轻视劳动，不服从管理，挖苦先进、标榜落后等反常现象，也时有发生。

因此，学生宿舍是培养学生良好的道德行为规范，实现其德、智、体、美全面发展和实施学校教育科学管理目标的一个结合点。通过学生宿舍这个点，可以把深入细致的思想政治工作与严格的科学管理有机结合起来，深入实际地了解学生的所想、所感、所为，真正地把握学生的思想动向。

3．学生宿舍影响着学生正确人生观、价值观的树立

学生宿舍不只是单纯意义上的休息场所，而是一个重要的育人园地。

来自不同地区有着不同家庭背景和生活习惯的学生，构成了宿舍的人文环境，这是学生情感和思想比较自然、真实流露的地方。学生在宿舍里交往必将对各自的思想情感产生影响。在他们的交往中，或探讨人生、憧憬未来，或交流学习、谈古论今，必会有各式各样的社会思潮、信息观点等方面的交汇，并由此产生互动影响。所以，必须正确地把握学生宿舍里的思想动态，及时地给予正确启迪和引导，并通过多种方式和渠道，积极开展教育活动，引导学生明确方向，明辨是非，树立科学的世界观、人生观和价值观。

二、高校学生宿舍管理的内容与方法

（一）高校学生宿舍管理的内容

高校学生宿舍管理具有服务、管理、育人等三个主要功能。从宿舍管理的功能就可以明白学生宿舍管理应包括宿舍内务及卫生管理、宿舍区的治安管理、宿舍纪律与秩序、宿舍设施管理、宿舍水电气管理、宿舍电视及网络的管理等方面的内容。

（二）高校学生宿舍管理的方法

学生宿舍不只是单纯意义上的休息场所，而是一个重要的育人园地。良好的宿舍环境是高校实施学生素质教育，促进学生德、智、体、美全面发展的物质保障。科学合理的规章制度会对学生起到良好的导向、规范、协调和激励作用，因此，对学生宿舍实施科学有效的管理十分重要。就目前而言，大学生宿舍管理大致有以下几种方法。

1. 行政方法

行政方法是学校根据学生宿舍管理工作需要，设立专门的管理机构配备相应的管理人员，根据学校的校规校纪和学生宿舍管理制度、条例等，通过学生宿舍管理人员、服务人员及学生干部，用强制性行政命令、规定，直接对住宿学生进行宣传教育，增强住宿学生执行规章、制度、规范的自觉性，使宿舍管理有章可循，依法办事。行政方法是高校学生宿舍管理普遍采用的方法。为了提高学生宿舍管理行政方法的有效性，应科学运用相应的管理方式。

（1）行政命令管理方式。行政命令管理方式是凭借行政职权与权威，通过口头或书面等方式，发布必须执行的规定、决定、指示，它具有明显的强制性、权威性、直接性。对贯彻执行制度、条例、规则的职责范围、处罚规定要明确具体；对不服从管理的要有相应的纪律、制度、惩处规定与执行程序作保障，以保证管理规章制度能贯彻执行，实现有效管理；对违反条例的处理要一视同仁，对管理条例的执行做到公开、民主、公平、合理。学生宿舍管理制度、条例、规则、规范的制定要科学，既要符合国家法规、条例，又要有学生的认同，这就要求规章制度的制定，不仅应有管理人员、法律专家、主管领导，还应有规章制度的针对人——学生或学生代表参与，这样的规章制度才会有牢固的群众基础，才能得到更好的执行。在具体实施行政管理方法时，要做到制度化、规范化、程序化管理。根据高等教育规律，高校管理目标、基本原则、管理程序和学生宿舍自身规律，应制定一套包括《学生宿舍管理办法》《学生社区管理委员会工作条例》《学生宿舍公约》《各级工作人员岗位职责》《文明宿舍建设实施细则》等完整、系统的规章制度，管理服务规范和学生宿舍日常工作处理程序，并采用多种方式向学生进行宣传教育，使学生一进宿舍，就知道应当做什么，不该做什么。明确做好了按何规定受到何种奖励，违反了按何种程序哪条规定接受何种处罚。使管理服务人员和学生，都有纪可守，有章可循，建立和谐的人际关系，提高工作效率。

（2）激励方式。激励，是教育的一种方式。激励的直接着眼点在于激励学生的感情，产生良好的行为。公寓管理人员应掌握激励的艺术，不断创造条件，变换激励方式。同时，在激励过程中，开展思想品德教育活动，以对学生起到感化作用，解决思想认识问题，巩固激励成果。在学生宿舍管理工作中，其激励方法可以采用以下几种类型：一是参与管理激励。吸收学生参与管理，成立宿舍管委会，对学生宿舍实行民主管理，以激励住宿学生共同管理好宿舍的积极性和主动性。二是目标激励。每学期公布学期、学年评选文明寝室，个人标兵的数量、条件、奖励方法，以激发学生达到某一目标的驱动力。三是荣誉激励。对积极主动配合宿舍管理工作，并做出贡献的个人或集体，授予相应的荣誉，出光荣册、光荣榜；记入学生档案，为其他学生树立榜样，明确方向。四是物质激励。对建立良好宿舍环境做出贡献的个人、集体，在运用上述几种激励方式的同时，要辅以物质激励。如按原定并已公布于众的标准、比例发给奖金、奖品等，激发学生参与和配合做好宿舍管理的积极性。五是情感激励。宿舍管理人员、学生社区辅导员要注意观察住宿学生的情感变化，对学生生活中的实际问题要帮助解决。如对经济困难的学生提供勤工俭学机会，对有病的学生在医疗、饮食方面给予关怀，对某些有错误思想行为或失误行为的学生有针对性地给予关心、爱护、帮助，使其树立信心。

（3）疏导教育方式。疏导，就是疏通、引导。疏导，就是要创造条件形成某种疏通机制，让大学生的某种情绪得到宣泄，就是要循循善诱，将偏差的思想、情绪引导到正确的方向上来。鉴于目前有些大学生对加强学生宿舍管理的意义不理解，有少数学生在宿舍开展经商活动，引来亲友、同学住宿，有的学校还发生过异性同宿现象，学校虽然采取行政措施，强化学生宿舍管理，但有的学生持"无所谓""管不着""我愿意"等错误态度，校方对个别严重违反学生宿舍管理条例的学生，应按校规给予严肃处理。但对大多数学生，只能在强化行政管理，加强思想教育的同时，适时采用疏导教育方式，倾听学生的意见和想法，掌握学生的心理，运用启发、商讨建议等方法，在疏导的同时进行教育，以提高学生接受宿舍管理规定、条例的自觉性。学生的合理要求尽量满足，或者创造条件分步骤实施；对学生的无理要求或者违纪行为，要严厉批评。既不能强制压服，也不能放任自流，应采取积极疏导教育的方式。对后进学生要消除心理"防线"，"晓之以理"，促进转化，以便做好学生宿舍管理工作。

（4）学生参与管理方式。现代管理理论认为，管理的核心是做好人的工作，充分调动人的积极性，使每个管理人员明确整体目标、自己的职责、工作的意义、相互的关系等，使其能积极、主动、创造性地完成自己的任务。根据管理心理学对"参与"和"认同"行为研究成果表明，让普通成员以不同形式参与领导和管理，可以增加成员的心理满足，增强工作动机，减少对抗，增强责任感、义务感，由于"认同"而产生关心、支持和主动帮助的行为。高校学生宿舍的住宿对象是具备一定知识和技能的大学生，校方应积极组织以学生为主体的学生宿舍楼管委会，设楼层长、寝室长，吸收大学生参与决策学生宿舍管理模式，制定学生宿舍管理目标，参与决定问题、处理事件的活动。这样，可以提高学生在学生宿舍管理工作中对自我价值和重要性的认识，增加对宿舍管理决定的认同，从而增强向心力，增强自觉性，做到紧密配合，协同工作。同时，又可以使学生在参加宿舍管理过程中，提高组织管理能力。

学生参与管理是提高宿舍管理效能的有效途径，也是育人的需要。学校学生宿舍管理部门应从战略高度提高认识，积极支持，并要因时因校制宜，实行民主管理。条件成熟的学校可让学生自我管理，行政给予指导、支持和帮助。学生参与学生宿舍的管理，一般有三种方式。一是咨询参与。

对学生宿舍的管理模式重大的管理改革措施、改革方案、规章制度建设等提出意见和建议。二是决策参与。对学生宿舍管理中学生关心的重大问题，选派学生代表组成调查研究小组，在调查研究和系统分析基础上，直接参与决策。三是行政参与。即通过学生代表参加的校学生宿舍管理领导小组或学生宿舍楼管委会，对学生宿舍进行日常行政管理。

2．经济方法

经济方法是经济组织利用物质利益来影响所属人员行为并使之与组织目标相一致的一种管理方法。随着教育体制改革的深化，学生宿舍管理应加强高校经济核算，提高教育投资效益，对学生适当采用经济方法进行管理，如对学生收取学杂费、住宿管理费等，同时变助学金为奖学金、贷学金。入学时学生先交费后注册，不交费或严重违反宿舍管理规定的，学校不准其在学生宿舍住宿；将住宿学生在公寓的表现作为道德操行，实施考评德育分与评奖学金挂钩；在宿舍日常管理中，核定水、电用量，超指标加价收费，减少水、电浪费；为防止损坏公物，学生住宿时每人交一定数额的押金，损坏公物扣款赔偿等都是宿舍的经济管理方法。

总之，适当运用经济方法有利于完善学校及学生宿舍管理职能。但经济方法不是万能的，作为国家主管主办的高校，不能过分强调以经济制裁为手段进行宿舍管理。对学生的收费要适度，对损坏公物要酌情赔偿，对违反规定的处理要合情合理，严格控制，避免处理过当。

（三）大学生宿舍管理的心理咨询方法

大学生正处于青年时期，存在着青年的特点和青年知识分子的特点。学习竞争的激烈，就业形势的严峻，爱情问题上的不如意，因与同学交往产生障碍而导致的焦虑，部分同学经济上存在的压力和家庭教育的不当等，都导致了当前高等院校部分学生在心理上存在这样那样的问题。有的导致精神分裂症，有的甚至因绝望而自杀轻生，如此等等，不一而足。对学生管理工作者而言，这类问题是决不可轻视或忽略的。对此，校方有必要选聘有经验的、学生信得过的中老年教师、心理医生在学生宿舍开设咨询室，用社会学、心理学及医学知识、生活经验开展心理咨询健康咨询等，帮助学生解除困惑，培养积极的心态，使他们适应环境变化，树立信心，这对搞好学生宿舍管理是一个有效的辅助管理方法，也是学生宿舍管理人员参加教育过程的有效措施。

学生宿舍心理咨询方法的特点是学生由被管理的被动地位转为主动地

位，而管理者（教师、医生、管理人员）由主动地位变为被动地位。学生心甘情愿地向管理者诉说自己的"遭遇""苦衷"，以求得对方的同情、理解和指导，从而使焦虑、郁闷、孤独、压抑得到某种释放和宣泄，保持心理平衡。

心理咨询方法对帮助心理有障碍、行为受挫折的学生消除消极的心态，树立信心有重要的作用。学生认为对方是自己的师长、父辈，"救命"的医生，是信得过的，心理上消除了"防卫"和"戒心"。因此，向他们阐述的道理、行为规范、健康知识能听得进，又能双向交流感情，商讨问题，有较强的针对性，利于师生建立友谊，激发学生的潜能和消除自卑、自弃心态。

学生宿舍管理中运用心理咨询方法有各种不同的方式。一般讲，单独面谈，或约几个知心朋友一起谈，或采取书信、网上交流等方式回答问题、交换意见都是可行的。也可以针对学生中普遍感兴趣，或带倾向性的问题，举办研讨会，或开设咨询课，或请有名望的专家、教授、医生做专题讲座，并当场回答学生的问题，引导学生健康成长。

三、高校学生宿舍管理的体制

（一）高校学生宿舍管理体制概念

管理"所谓管理，就是在特定的环境下，对组织所拥有的资源进行有效的计划、组织、领导、协调和控制，以便达成既定的组织目标的过程"[1]。管理不仅为实现组织目标服务，同时它还要运用组织中的各种资源来实现目标。管理工作的过程是由一系列相互关联、连续进行的活动所构成的，也是在一定环境与条件下进行的，所以，管理工作离不开特定的政治、经济、文化环境和条件，离开了特定的物质和政治文化条件来空谈管理，是不可能产生管理效果的。所谓体制，是指"国家机关、企业、事业单位等的组织制度"。

我国的大学生宿舍管理体制，是指在中国特色社会主义市场经济体制的现行教育体制和办学模式下，为了实现高校学生宿舍的科学管理，为学生提供良好的生活、学习环境，通过对学生实施教育、管理、服务，实现育人目的而设立的学生宿舍管理机构，在宿舍管理过程中，明确学生工作部门、后勤服务（物业管理）部门、安全保卫部门、学生政治辅导员、宿

---

[1] 高舒丽. 坚持向管理要效益，为高质量发展赋能[EB/OL].（2023-03-11）[2023-10-08]. https://www.sohu.com/a/379314369_694609.

舍管理人员之间的职责和权限的划分，以及学生宿舍管理的有关规章制度、管理决策程序等。

（二）大学生宿舍管理体制的类型

随着我国改革逐步深化，尤其是高校后勤社会化的推进，学生宿舍管理体制也在不断地发展变化。就目前而言，高校学生宿舍的管理体制主要有以下几种类型。

1．学生自我管理体制

学生自我管理体制是人本化管理在大学生管理体制中的具化。人本管理思想是针对 20 世纪初泰勒的科学管理过于强调对一切作业活动的计量定额，强调严格的操作程序，而忽视了对人的管理而提出的一种人性化管理。人本管理在知识经济时代的立足点与核心是人的知识、能力的提高和创造力的培养，它要求管理者始终坚持以人为本的观念，建立起让每一位成员都有机会施展才能的激励机制，努力营造尊重、和谐、愉快、进取的气氛，激发人们参与管理的热情、想象力和创造力。具化到学生管理体制上，就是学生自我管理体制。学生自我管理体制通过从住宿学生中公开选聘学生宿舍管理机构的工作人员，从事管理、服务工作，从而制定相应的学生宿舍管理制度、条例、工作程序、考核及奖励办法。同时，成立学生宿舍民主管理委员会，制定民主管理制度，使民主管理委员会的民主职权与学生宿舍管理机构履行的管理职能同步，相互制约，以提高学生宿舍管理水平。学校为学生住宿提供必要条件，配备相应的设施、设备，为有效地开展学生宿舍管理工作创造条件，授予职权，给予指导，积极理顺关系，做好服务工作。学生自我管理的形式有两种：一是学生宿舍完全由学生负责经营，自我管理、自我教育、自我服务，学校给予支持、指导。深圳大学、华侨大学就是这种形式。二是学生宿舍管理由学校提供支持、帮助，保证学生宿舍管理服务正常运行的同时，学生实行自我管理、自我服务。

2．行政管理体制

这种学生宿舍管理体制由后勤部门为学生提供住宿条件，学校用行政方法集权领导，分散管理，管理方式、收费标准等都由学校领导决定。在管理过程中，学生工作部门、安全保卫部门、后勤服务部门按具体的分工各负其责。行政管理体制虽是行政集权，管理有力度，但由于分散管理口多，往往出现各自为政、互相脱节的现象，管理人员与学生之间容易产生对立情绪。诚然，这种管理体制在一定的时期内曾起到积极作用，可在提倡民主、和谐的时代，存在不少弊端，有待于进一步探讨、完善。

3. "主辅"管理体制

此种管理体制以行政管理为主、学生参与管理为辅，其形式主要有两种：一是选聘或有关部门推荐学生直接担任学生宿舍管理机构的副职或助理，协助中心主任（或科长）做好学生宿舍管理工作并由他们负责学生宿舍楼楼委会有关工作；二是由学生代表参加组成学生宿舍管委会，协助学校做好学生宿舍管理工作。"主辅"管理体制既可充分听取学生的意见和建议，锻炼学生的组织能力，又利于管理人员与学生之间沟通信息，交流感情，承认并支持学校采取的管理决定和措施。

四、高校学生宿舍管理模式

（一）学生宿舍管理模式的含义

学生宿舍管理模式是指学校对全体学生宿舍进行管理活动时，所采取的组织形式和管理方式。学生宿舍管理模式是对学生宿舍进行系统管理的前提，它要受到社会制度、学校规模和学校管理体制等多种因素的制约，管理模式是否恰当，对能否充分发挥学生宿舍管理效能，全面实现管理目标有着重要的影响。因而，各高校都十分重视对学生宿舍管理模式的探索。

（二）我国的学生宿舍管理模式

在我国，目前各高校所采用的学生宿舍管理模式大致可分为以下四种类型。

1. 学生自主管理模式

这种模式要求学生自己组织起来，自己负责宿舍的安全、水电、公物维修、作息制度、卫生制度的制定和执行监督等，学校只给予学生理论上、方向上的指导和适当的经济补贴。这是充分体现学生宿舍民主性管理原则的一种模式。实现学生自主管理的主要机构是学生宿舍自我管理委员会，该委员会的成员由广大同学推举产生，报经学校批准。该委员会负责宿舍各种宣传、各种规章制度的贯彻落实、各项工作的检查评比、各种违章行为的批评处理、各种服务设施的使用及维修等一切宿舍管理活动。学生自主管理模式具有宿舍管理的针对性强、灵活性大、范围广、效益高等优点，在理论上值得推崇和肯定，但实际推行起来却因学生群体的自觉性不够，同时缺乏大批得力、过硬的学生干部而困难重重，因而只是在理论上加以肯定，在实际学生宿舍管理工作中却不常用。

2. 学生工作系统主管模式

这是以学生工作系统为主来管理学生宿舍的一种模式。此模式由各院（系）分管学生工作的党总支副书记或副主任、团总支书记、政治辅导员和班主任组成的学生工作领导小组，全盘兼管学生宿舍的安全、水电、卫生、维修等管理工作，后勤部门只提供物质保障。学生工作系统主管模式针对性、灵活性较强，有利于加强对学生的思想教育工作，促进学生的全面发展。但由于学生工作领导小组成员精力有限，教学、科研、宿舍管理工作很难兼顾，往往忙得团团转，却顾此失彼。因此，这种管理模式也逐渐不再采用。

3. 行政分工管理模式

此种模式是我国传统的学生宿舍管理模式，由学校各部门按其工作职能，分别负责某一单项的学生宿舍管理工作。如后勤服务部门提供宿舍、设备及维护环境卫生等；学生工作系统、校团委负责学生的思想教育工作；校保卫部门负责学生宿舍的安全。行政分工管理模式把整个学生宿舍管理工作分解成若干部分，划分细致，职责明确，有利于各专职部门形成对自己所从事工作的制度化和规范化。但是，随着学生宿舍管理工作的日益复杂化，行政分工模式越来越不适应实际工作的需要，它日益暴露出政出多门、推诿扯皮、协作性差、形不成合力等缺点。所以，它在当今学生宿舍管理中已逐渐被其他更先进、更合理的管理模式所取代。

4. 综合管理模式

所谓综合管理，就是以后勤服务总公司或学生工作部（处）为主管单位，学生宿舍管理科或学生宿舍管理中心为主要责任方，后勤部门、安全保卫部门、思想品德教育和学生工作部门，相关院（系、部）及参加学生宿舍管理工作的学生工作干部、管理员、保安人员等，按职责分工，相互配合，共同做好学生宿舍的管理工作。在宿舍管理过程中，行政管理、思想政治教育、经济、咨询疏导等方法和手段应交错使用，以提高学生宿舍管理的整体效能。管理的内容包括学生宿舍的卫生、治安、秩序、日常维修等，使学生宿舍内整洁美观，公共场所清洁卫生，房屋、设施、水电供应始终保持正常状况，宿舍秩序井然、舒适、文明，管理人员、服务人员、治安保卫人员积极治理宿舍环境，主动做好防火、防盗工作，及时预防和妥善处置突发事件，实现教育、管理、服务一体化。学生综合管理模式目前在我国高校学生宿舍管理中较为普遍。在新形势下，伴随着高校后勤社会化的逐步完善，学生宿舍如何更有效地发挥好教育、管理、服务三项功能，不少高校进行了有益的探索。重庆交通大学的学生社区管理模式就是其中的典型，在全国产生了较大的影响，形成了学生教育管理、物业管理、安全保卫、饮食服务"四位一体"的管理模式。

第四节　高校学生社会实践规范化管理模式

高校人才的培养途径是多种多样的，正确引导学生参加社会实践就是其中重要的一种。在早期的大学里，人才的培养主要是通过在课堂上系统地传授理论知识来达到的。随着社会生产力的不断提高和发展，对教育和人才培养也提出了新的目标，这种仅仅靠传授理论知识的方式已渐渐显得不适应。因为现代化的生产过程不仅要求人才掌握大量的理论知识，而且还应该具有较强的动手和创造能力，具有科学的社会观和责任感，具有较高的道德素质和心理素质，这些方面仅仅靠课堂教学是难以完成的。所以，现代工业产生后，社会实践就作为一种重要的教育方式被引进大学的教育过程，其重要作用日益引起人们尤其是教育工作者的重视。

一、高校学生社会实践的科学内涵

高校学生社会实践是一种以实践的方式实现高等教育目标的教育形式，是高校学生有目的、有计划地深入现实社会，参与具体的生产劳动和社会生活，以了解社会、增长知识技能、养成正确的社会意识和人生观的活动过程。大学生社会实践是高校教育活动的重要环节，它与课堂教育相辅相成，共同完成高校的人才培养任务，实现学生的全面发展。

高校学生社会实践对大学生的全面发展具有重要的意义，具体来说主要表现在以下几点。

（一）社会实践是大学生树立科学世界观的需要

世界观是人们对世界的一般看法和根本观点。任何正常的人在其生活的过程中都会形成自己的世界观，但由于个人生活环境、所受的教育和影响不同，人的世界观也有很大差异。总的来说，世界观有正确和错误之分，而将正确的世界观理论化、系统化就成为科学的世界观。大学生树立正确的世界观需要靠两个方面的努力：一是大学生要经常与社会接触，不断突破事物的表面现象，深入事物的本质，从而不断校正原来从现象上获得的肤浅的或错误的认识，使自己的认识符合事物的本质及规律。二是要对大学生进行系统的思维训练，通过学习前人正确的世界观理论，了解人们在世界观上容易走上歧途的种种可能，让大学生对自己的世界观进行经常的反思，并不断地充实新的科学的内容。因而社会实践对大学生建立科学世界观很有必要。

1. 参加社会实践活动是建立科学的人生价值观的需要

正如马克思主义哲学原理教科书中所指出的，"共产主义世界观和人生观又不是仅仅在书斋里、课堂上所能完全树立起来的，还要在生活实践中经受各种锤炼"。[①]马克思、恩格斯的人生观转变不是在课堂上，而是在社会实践中。刘胡兰、王进喜、郑培民、任长霞等英雄人物的人生观也不是仅仅从书本上学到的，当代大学生的人生观形成也是如此。通过开展大学生社会实践活动，我们发现社会实践活动对大学生形成科学人生观至少有如下的作用：首先，它可以帮助大学生摒除理想中不符合实际的因素，使他们正确对待个人与社会的关系，培养踏踏实实的工作作风。其次，它可以帮助大学生树立坚强的意志，培养无私奉献的精神。最后，它可以帮助大学生接近群众，深入群众，为走与群众相结合的道路打下良好的基础。

2. 参加社会实践活动是培养社会主义信仰的需要

大学生在不久的将来，就会踏上工作岗位，成为祖国的栋梁之材，肩负起实现中华民族伟大复兴的历史使命。因此，在当今西方国家加紧实施对我国进行思想渗透的形势下，培养大学生的社会主义信仰是大学生思想政治教育的首要任务。而对社会主义的感情仅靠读书是得不到的，必须通过对社会主义给中国带来的巨大变化、给广大人民带来的实惠中亲身感受和体验。

3. 参加社会实践活动是大学生确立唯物主义历史观的需要

大学生正处于青年时代，可塑性很强，是世界观、社会历史观形成的关键阶段。大学生系统的专业知识学习和思维训练，对于形成唯物主义历史观固然是大有帮助的。但就目前情况看，在校大学生年龄普遍较小，接

---

① 陈先达，杨耕. 马克思主义哲学原理[M]. 北京：中国人民大学出版社 2019：28-34.

触社会的机会不多，社会经验不足，大部分同学对社会的看法简单化、片面化、理想化，这对大学生形成正确的历史观十分不利。克服这一不利的根本途径就是让大学生走出校门，深入社会生活，在社会实践中了解社会，从实践中发现真理，在实践中发展真理。这样，才能使他们的历史观与现实生活相符合。

当然，社会实践中接触的都是具体的社会事物，不可能通过一两次实践就改变了对社会历史的看法。不过，处在形成过程中的大学生的历史观是容易发生变化的，一旦接触了较多的社会事物，加之正确的引导，就会使他们的历史观发生转变。我们知道，只从政治理论课上学习历史唯物论只能学到"知识"，而要使知识转化为信念，使所学的理论真正转化为学生的历史观，必须通过社会实践。

（二）社会实践是大学生社会化的需要

社会化是指个人与社会生活不断调适，使个人由"自然人"发展为"社会人"的过程。大学生正处于社会化的最后阶段，显然，在许多方面已趋向成熟，但为了适应社会生活，仍需进一步学习。社会实践可以增强大学生的社会责任感。很多高校组织学生到基层开展社会实践活动，使同学们提高了对改革的复杂性、艰巨性的认识，增强了他们的社会责任感。在社会实践中，越来越多的大学生认识到，社会需要的不是冷漠的旁观者，也不是抱同情心的捧场者，而需要的是热情的、直接参加这项伟大建设工程的人。通过社会实践，许多大学生克服了原来自视清高的习气，自觉并充满激情地投入到学习、生活和工作中。社会实践可以推进大学生实现社会角色转变。社会实践活动能够帮助大学生找到自己和社会要求之间的差距，看到自身知识和素质上的缺陷，启发学生对自己进行重新认识和正确估价，促使学生从过去的"唯我独尊"的幻想回到现实，重新确立自我价值实现的基点，在纷繁复杂的社会中找到个人和社会的最佳结合点。社会实践可以促使大学生与长辈们沟通代际关系。由于当前一些大学生图安逸怕吃苦，自视清高；反过来，却认为他们的父辈过于保守、正统。两代人之间形成了一层无形的隔膜，究其原因，主要在于有些大学生缺少对他们父辈的了解，他们看不起父辈们那种思维方法和生活方式。在社会实践中，大学生以普通劳动者的身份，直接参加社会财富的创造活动，培养了他们尊重劳动成果、尊重父辈们的思想感情。总之，在社会实践中，两代人之间可以相互沟通和相互理解，彼此消除对对方的偏见，进而有效地促进两代人之间的有机结合。

（三）社会实践是提高大学生能力的需要

社会实践是提高大学生能力的必然要求，因为通过社会实践，大学生可以更好地了解社会现实和市场需求，提高自身综合素质和解决问题的能力，积累社会经验和人脉资源，为今后的职业发展打下坚实的基础。社会实践让大学生有机会亲身体验和实践所学的知识和技能，了解如何将理论知识应用到实际工作中，提高自己的实践能力。社会实践中，大学生需要与不同背景的人合作完成任务，学会沟通、协调和解决问题，提高团队协作能力。社会实践中，大学生需要面对各种挑战和问题，通过思考和实践，寻找创新的解决方案，提高创新能力。社会实践中，大学生可以了解社会现实和市场需求，为当地的经济发展和社会进步做出贡献，培养社会责任感。

社会实践是提高大学生能力的必然要求，有助于提高大学生的实践能力和社会责任感，也为当地的发展和进步做出了贡献。

（四）社会实践是知识分子与工农群众相结合的需要

社会实践是大学生与工农群众相结合的需要，因为通过社会实践，大学生可以深入了解工农群众的生产生活情况，熟悉地方基层工作，提高自身综合素质和解决问题的能力，为今后投入社会工作或志愿服务打下基础。同时，通过与工农群众的接触和交流，大学生也可以了解他们的需求和困难，为当地的经济发展和社会进步作出贡献。此外，社会实践也是大学生改造自己的思想，接受工人阶级的领导，学习工人阶级的优良品质，最终将自己转变为工人阶级中的一员的重要途径。

因此，社会实践是大学生与工农群众相结合的需要，有助于提高大学生的实践能力和社会责任感，也为当地的发展和进步做出了贡献。

（五）社会实践是全面建设社会主义现代化的需要

当代的大学生，将成为 21 世纪我国社会主义现代化建设的骨干力量，按照党中央制定的"十四五"规划和 2035 年远景目标，我们国家的社会主义建设任重而道远。大学生参加社会实践，可以在社会主义物质文明、精神文明、政治文明建设中大显身手，在专业知识社会实践和树文明新风的社会实践中促进经济、政治、文化的平衡发展，开启全面建设社会主义现代化国家新征程。

二、高校学生社会实践的具体实施

（一）高校学生社会实践的内容

1. 社会调查

深入城镇、乡村，开展社会调查、考察；深入城乡各地、部队、科研院所、企事业单位开展社会考察和社会调查活动，从而引导学生了解社会、了解国情，同时对社会和企业的发展献计献策。社会调查和考察的直接目的是了解社会的实际情况，认识社会现象的本质及其发展的客观规律，是一种搜集和处理社会信息的方法，在现代社会具有越来越重要的作用。当前，大学生社会调查逐渐向专题化、重效益、重应用方向转化。社会调查的内容很多，例如，可通过走访工农群众、干部、军人、知识分子等，开展对社会现状的调查；也可通过了解城乡经济发展现状，开展国情民情考察；也可通过了解科技对经济和社会发展的影响，开展依靠科技进步及科学管理发展经济的专题调查等。并且社会调查方式也比较灵活，有文献调查法、访问调查法、问卷调查法等。

2. 文化服务活动

深入城镇社区和贫困乡村，开展文化培训、科普讲座、法律宣传和咨询活动，服务社区和乡村的两个文明建设。

3. 科技服务活动

科技服务活动面向经济建设主战场，面向城镇社区、县乡的中小型企业、乡镇企业，结合所学专业，发挥技术特长，在教师的指导下开展科技攻关、工程设计、科技成果推广、科技咨询和技术服务等活动，使科学技术为现实生产服务。

4. 信息服务

信息服务是指通过一定的途径把人才、工农业、科学技术及社会生活等方面的信息资源的开发利用情况提供给被服务单位，并把被服务单位的信息传递出去，以期取得一定的人才效益、社会效益和经济效益。大学生通过在校的学习，掌握了一定的专业知识，可以通过开展信息服务把信息资源的开发过程及成果传播到各个领域，进一步加以利用，在信息资源的开发利用之间架起了一座桥梁。

5. 互动活动

大学生党员与城市社区党员、农村基层党员、企事业单位党员在建立党的先进性教育长效机制中的互动活动。

6. 教学实习

教学实习是教学计划内的社会实践，是在教学计划规定的时间内进行的，要求每个学生必须参加并取得学分，是实现专业培养目标、保证人才品格质量的必修课。教学实习，包括认识实习、生产实习、毕业实习等，是理、工、农、医等专业大学生社会实践的主要形式，是把生产劳动引入教学，对大学生进行思想政治教育、职业道德教育、专业教学和职业训练的基本环节。

7. 勤工助学

勤工助学对学生个人和国家都有重要的意义，对个人，它有助于学生个人的成长和成才；对国家，它有助于国家高科技人才的培养，有助于国家教育制度的改革和教育的不断发展。在假期，通过做兼职教师、推销员、打字员、秘书、酒店服务员等工作，一方面，可以在一定程度上解决贫困生的经济问题；另一方面，也是高校开展社会实践活动、培养学生自立自强精神的有机组成部分。

8. 公益劳动和文明共建活动

具体说来主要包括校内公益劳动，校外社区服务活动，与企事业单位、部队、科研院所、乡村、居民委员会等单位开展其他形式的文明共建活动。

（二）高校学生社会实践的形式

1. 活动型社会实践活动

这种社会实践以文化、科技下乡为主，通常做法是学校与某地联合，在某地以学校为主，组织一台甚至几台文艺演出，动员群众前来观看，或组织大型的科技咨询、文化宣传、医疗服务活动，场面宏大，气氛热烈，影响也较大，但投入多，组织复杂，参与学生也不是很多。这种社会实践活动是学生社会实践活动的重要形式，对大学生的发展具有积极意义。

2. 参观型社会实践活动

这种社会实践活动通常是组织学生到风景名胜、工厂参观考察、座谈了解，虽然对学生能起到一定的教育作用，但与现在的公款旅游有些类似，除了增进学生之间的友谊，加深学生对祖国大好河山的了解以外，能真正达到受教育的目的的可能较少。于是学校就把这种社会实践活动作为对优秀学生或学生干部的奖励，组织少量学生参加，但花钱较多取得的效益却不多。

3. 课题型社会实践活动

学校以老师牵头，各相关年级学生参加，组成课题小组，承担政府或企业的课题，通过广泛深入的调查宣传活动，对课题进行攻关。这种社会实践活动学生参加的积极性比较高，而且能得到一定的社会资金支持，也能长期开展下去。

4. 生产型社会实践活动

这种社会实践以高年级学生、研究生、博士生参加为主，他们参加生产活动的某一环节，成为其中的一员。一方面，既利用自己已有的知识促进生产的发展，另一方面，又在实践中学到了书本上没有的知识，相得益彰。这种社会实践活动花钱不多，但效果实在，达到了帮忙不添乱的目的，有较强的生命力。

5. 挂职型社会实践活动

这种社会实践活动主要是以组织的形式到机关、社区、乡村挂任各种职务的助理，做一些社会工作。这种社会实践活动受到机关、社区、乡村的欢迎，但目前参加的人数较少。

6. 互动型社会实践活动

这类实践活动的参与者既有大学生（含大学生党员），又有城乡基层的市民、农民（含党员）。在活动中，他们互为参照对象，通过相互学习、相互帮助，不仅双方共同获得进步，同时也促进了社会主义物质文明、精神文明、政治文明建设。

7. 学生自发型社会实践活动

学生在假期，通过参加社会招聘活动、上门自荐活动等形式，参加到各种社会生产活动中去，除体验社会生活活动的酸甜苦辣外，还能利用自己所长，在为社会服务的同时，取得一定的报酬，补贴学习或生活所需。这种社会实践活动除参加的学生较多外，学校支出也不是很大，应该进行鼓励。

三、高校学生社会实践的制度化建设

高校把大学生社会实践活动纳入整体教育计划，通过制定短期规划、长远规划和配套文件，形成一套完善的大学生社会实践制度。它对实践活动的指导思想、方针原则、目标要求、形式内容、方法途径、时间要求、成绩考评、工作量计算、奖励办法、组织领导以及有关政策都作了明确规定，并随着学校体制改革不断加以修订，使活动贴近学校发展实际，使活动有章可循。一个成功的实践制度，应包含以下内容。

（一）社会实践活动领导小组制度

学校应成立由分管学生工作的党政领导和教务、科研、总务、学生处、团委等部分单位组成的学生社会实践活动领导小组，负责对全校社会实践活动进行统筹安排，制订计划，组织落实，各院、系、部成立由分管学生工作的党总支、副书记、副主任、团总支书记与辅导室主任等参加的社会实践领导小组，负责本系学生社会实践活动计划的制订与实施。同时，也可吸收校外人士，如地方政府负责领导，地市团委同志及企业负责同志共同组成社会实践活动领导小组，建立友好关系，以便于高校社会实践在地方、企业的顺利开展。

（二）完善两种不同类型的社会实践基地建设制度

随着大学生社会实践活动不断走向成熟，社会实践基地建设制度也成为了一种发展趋势，相对于实践初期的分散、随机活动，基地活动可以有长远的计划，为培养人才制定完备的方案，同时，也有利于基地方与校方建立长期互惠关系，使社会实践在双方自愿的基础上健康发展。社会实践基地制度建设包括两方面的内容：一是为教学研究服务的社会实践基地的制度建设。这类基地建设包括城市工商企业、农业生产单位等。二是思想政治教育和党建社会实践基地的制度建设。这类基地包括城市社区、农村基层组织、各类爱国主义教育基地（包括革命纪念馆、革命博物馆、烈士陵园等）。

（三）实行两种不同类型社会实践的指导教师队伍建设制度

开展大学生社会实践活动的经验证明，实践活动要取得成效离不开教师的积极参与，因此，必须建立社会实践指导教师制度。两种不同的社会实践需要不同的指导教师，为教学研究服务的社会实践由专业教师或相关专业的技术人员作指导教师；思想政治教育类的社会实践，由政治辅导员、政治理论教师或校外政工干部作指导教师。借助指导教师在人格、理论、知识、专业上的优势，增强社会实践的生命力，完成在实践过程中全方位育人的功能。制定社会实践指导教师制度一般要考虑以下因素：一是基地的性质（教学研究服务的社会实践基地与思想政治教育的社会实践基地，两种不同的社会实践基地对教师的要求有所不同）。二是学校的有关政策。三是教师的地位和作用。四是实践过程中的组织领导。五是纪律要求。六是地点的选择和安排。七是职称评审和职务晋升。八是工作量的计算。当然要注意与由学校相关职能部门及分管学校领导组成的领导小组协调进行。

（四）社会实践考核与激励制度

考核激励是提高社会实践活动成效的有效方式之一。对大学生参加社会实践活动定内容、计学分；对教师定任务、计工作量；院、系、部、教研室制定规划和考核措施；对社会实践活动情况要做到"八个挂钩"：与学生德、智、体综合测评成绩挂钩，与奖学金挂钩，与评选先进个人和集体挂钩，与团员民主评议、推优入党和推荐免试研究生挂钩，与评选优秀党团员挂钩，与大学生的学分挂钩，与单位和个人经济利益挂钩，与教师工作量和干部业绩的奖惩挂钩。这样，才能调动大学生、广大教师干部以及社会各界、各单位参与社会实践的积极性、主动性，使社会实践形成有机运作、自我驱动、有轨发展的动力机制。

四、高校学生社会实践的发展趋势

（一）实践组织的科学化

作为系统工程的大学生社会实践活动，要获得最理想的效果，不仅取决于实践活动的社会化程度和实践制度的规范化程度，还取决于实践组织过程中的科学化程度。大学生社会实践活动，作为高等教育的重要组成部分，社会将会对它提出越来越高的要求。而实践组织的科学化，正是要通过不断地研究社会实践的基本规律，并严格遵循规律组织实践活动，来动态地满足社会的要求。因此，实践组织的科学化，就成为社会实践活动发展的必然趋势，它将贯穿于社会实践活动的全过程。而具体实践组织过程中实践组织的科学化，又依赖于实践活动有机组织系统的确立和科学组织理论的指导。

1. 实践目标设定和方案优选的科学化

实践目标设定和方案优选实际上是实践活动的设计过程，它将确立的是整个实践活动的蓝图和指南，因而也是整个实践系统工程释放最大量最优化工程的基础环节。要使实践目标设定和方案优选科学化，就必须做到以下几点。

（1）实践目标设定基本科学。所谓实践目标设定基本科学，应包括三方面的内容：第一是要求实践目标的切实性，即实践目标的设定绝不是组织者一时意志冲动的结果，而是在对社会、学校、个人三方面要求深入调查的基础上做出的，通过努力可以达到的。第二是要求实践目标的层次性。这个目标又包括两个层次：一是总体目标，即培养社会主义事业的接班人，二是具体目标，它既是总体目标的具体化，又是总体目标的分解，规定具体实践活动所要完成的任务。第三是要求实践目标的发展性。由于教育活动周期较长的特有规律，实践目标的设定不仅要以现实为基础，还要以未来对人才需求的趋向为依据。

（2）实践方案优选基本科学。实践方案优选的好坏，不仅关系着活动目标能否完成，而且决定着整个实践能否成功。一般来说，实践方案优选：首先，需要遵循方案设计的广泛性原则，即要从多方面，多角度设定方案。其次，实践方案优选还要遵循方案选择的民主性原则，即优选方案应征求实践组织者、实践参加者的意见。最后，实践方案优选需要遵循方案确定的最优化原则，即优选方案必须考虑到活动时期社会的需求，参与实践者的客观条件与主观性限制等。

2. 实践方案实施的科学化

实践方案实施的科学化，就是要尽量减少方案实施的阻力，以更好完成已设定的实践目标。因此，要求实践组织者在实践活动本体运行前，必须注重实践客观条件的准备和实践主体的调适，像资金的落实到位，实践基础的准备情况，实践指导老师的确定等；在实践活动本体运行中，必须注意对反馈信息的收集、整理、分析，并在此基础上对实践方案、实践活动本体、实践活动主体进行调控。

3. 实践成果总结的科学化

要达到社会实践培养社会化大学生的目的，就必须认真做好总结、消化、吸收工作，从而进一步深化社会实践的成果。

加强社会实践活动各环节、各方面的考核。一要考核大学生在实践中的表现，包括参加社会实践的时间长短、态度好坏、所在单位的评价。二要考核大学生实践的收获，着重看学生认识国情、了解社会、认识自己的思想觉悟的提高和知识、智力、技能的提高。三要考核调查报告、心得体会的写作质量。同时，上级组织者还要考核下级组织者各方面的组织情况。

扩大成果，将单个的社会实践成果转化为大学生共同的精神财富。要举办社会实践心得交流会，让学生谈体会，交流实践感受；要举办实践成果展览，让更多人受到启迪教育；要举办跨校成果评比交流，让实践成果在不同高校间流通。

升华思想，把感性认识上升到理性认识。要重点抓大学生对坚持社会主义道路、树立为人民服务人生观、走与工农相结合道路重要性的认识；要重点抓大学生对艰苦奋斗重要性、改革开放重要性、解放思想重要性的认识。

在实践中体会和总结组织理论，并运用理论进一步指导社会实践。各级实践组织者，要通过实践组织理论的研讨、交流，进一步深化社会实践管理经验，使社会实践在广度、高度、深度上进一步发展，更好地为培养社会化大学生服务。

（二）实践制度的规范化

实践制度规范化的目的，是为了使社会实践活动做到有章可循、有据可依，保证社会实践活动持续有效地开展。它的标志，是富有权威、系统全面、切实可行并具有自我发展机制的实践制度体系的建立。

1. 实践制度的规范化是社会实践活动发展的必然趋势

人的思想认识不能代替规章制度，没有完善的、系统的规章制度，不注意实践制度的规范化，只凭各级实践组织者的临时决策组织实践活动，决策正确，则可促进实践成果的取得；决策失误，往往会阻碍实践的深入。因此，要保证社会实践持续稳定的发展，必须改变人治局面，完善实践制度。当前加强实践制度的规范化工作，不仅非常迫切，而且非常必要。首先，加强实践制度的规范化工作，有利于促使全社会的力量来共同关心、组织大学生社会实践活动，形成全社会组织大学生社会实践活动的强大"合力"。其次，加强实践制度的规范化工作，有利于实践组织的科学化。

由于现实的实践基础已经存在，加强实践制度的规范化工作已成为可能。当前，各级党政群团组织、各个高校已开始了社会实践工作，不少企业也为实践活动的开展提供了资金、基地和其他各种方便，且近年来已制定了一些关于社会实践活动的规章制度，这些有利因素为强化实践制度的规范化奠定了较为坚实的基础。

2. 实践制度规范化的标志是实践制度体系的建立

在各级实践组织者对实践制度正确制定和共同协调的基础上，实践制度必然逐渐趋于规范化，而实践制度达到规范化的标志，是富有权威、系统全面、切实可行并具有自我发展机制的实践制度体系的确立。如果能够建立起具备这样特征的实践制度体系，就标志着实践制度已达到了规范化的程度。

3. 实践制度的规范化要求各级实践组织者必须制定出正确的实践制度

实践制度的规范化，绝不是各种实践制度的单独罗列，也不是各种实践制度的简单相加，而是要在各级实践组织者协同的基础上建立科学的实践制度体系。这个体系首先要求各级实践组织者正确地制定制度，同时要求制定的各种实践制度相互衔接，对于衔接不紧密的地方，应及时加以调整。

（1）高校对实践制度的正确制定。在高校，大部分社会实践活动是由思想政治工作部门（如学生处、团委、学生会）来组织实施的。由于学校、社会的各种因素的影响，其主要利，利用假期进行，由于缺乏制度和支援保障，严重制约了大学生社会实践活动的深化。为改变这种状况，就必须加强高校大学生社会实践中的制度化建设。首先，高校应将社会实践活动纳入到学校教育、管理工作的体系中去，由相关职能部门组织落实；其次，将学生社会实践活动的表现以及成绩作为全面考核大学生素质的重要内容；最后，要建立相应的制度，保证教师组织参与社会实践的积极性。

（2）党和政府对实践制度的正确制定。在实践制度的制定方面，党和政府必须起到宏观统一管理制度制定的作用。要首先着眼于建立统一机构，实行统一规划，统一决策，统一目标，统一评价，促成社会实践活动的统一性、系统性、整体性、持续性，充分发挥社会各界的力量，保证社会实践发展的正确方向。同时党和政府作为核心的组织者，要协调各个单位部门之间的关系，激发各个单位部门的责任感和积极性。

（3）社会团体和企事业单位对实践制度的正确制定。在众多支持社会实践活动的社会团体（如工会、共青团、青联、学联）中，共青团起着众所周知的主导作用。在制定制度的过程中，团组织要通过量的指标确立各级团组织的组织实践任务，并通过对岗位职责的定期考核和将考核结果作为团组织的工作评价内容，来激发各级团组织和团干部组织实践活动的责任感和积极性。各级实践组织者对实践制度的共同协调。

大学生社会实践活动作为系统工程，要求各级实践组织者制定的实践制度必须协调一致，对于不能衔接的地方，应予以调整。各级实践组织者必须首先注意认真学习实践组织核心即党和政府所制定的实践制度，在了解统一规划、统一决策、统一目标的基础上，制定自己的实践制度，同时加强各方的沟通和联系。

（三）实践活动的社会化

大学生社会实践活动，作为教育活动的主要形式之一，具有三个基本的构成要素，即实践活动组织者、实践活动本体和实践活动主体。因而，实践活动的社会化，也由这三个构成要素的社会化来组成。而这三个构成要素的社会化，则分别有其不同的含义。实践组织者的社会化，是指动员全社会的力量来关心、组织大学生的社会实践活动，这是实践活动社会化的基本条件；实践本体的社会化，是指具体实践活动过程的内容与形式，必须以社会需要和社会所提供的条件为基础，这是实践活动社会化的重要途径。实践主体的社会化，是指通过实践活动，把社会的价值体系内化为实践参加者（大学生）的价值体系，使之成为高度合格的社会成员，这是实践活动社会化的根本目的。由此可见，实践活动的社会化，就是指动员全社会的力量，组织以社会需要和社会所提供的条件为基础的实践活动，达到把大学生培养成为高度合格的社会成员的目的。

1. 实践活动本体的社会化

实践活动本体是大学生有目的地与外界不断发展的现状发生联系，并相互作用的具体实践过程。这一过程是大学生不断强化自身本质力量，促进自身全方位社会化的重要途径。实践活动本体的社会化，正是指这一过程的内容和形式，必须以社会的需要和社会所提供的条件为基础。实践活动本体的社会化，应建立围绕教学的实践与其他方面的实践有机结合的理想目标模式。

围绕教学的实践主要包括教学实验和教学实习等。这是一种配合课堂教学而进行的实践活动，它直接与学生所学知识以及自身具备的能力发生联系，是初级阶段运用最多、群众性最强的实践活动，也是学生进行其他方面高层次实验的能力准备环节。我们不应当过分追求其他方面的实践而忽视教学实验和教学实习。其他方面的实践包括社会考察、社会服务、勤工助学等。这是间接地与学生所学知识和自身具备的能力发生联系，也是学生围绕教学进行实践的成果检验。这些方面实践的主要形式有社会调研、参观访问、旅游观光、技术培训、咨询服务、社会宣传、科技开发、挂职锻炼等。由于这些方面的实践和社会联系得更紧密，一般较受学生的欢迎，但必须注意使之在时间、资金、人力上同围绕教学的实践互不干扰，在学校统一布置的基础上使两者达到和谐的统一。

2．实践活动主体的社会化

实践活动主体的社会化，实际上要完成的是大学生社会化的加速，是要将大学生培养成为高素质的社会成员，是要通过社会实践使大学生更快地在社会中汲取社会能量和获得社会信息，并通过各方面的自我调适，增强自身的能力和素质，完成自身全方位的社会化。而促进实践主体的社会化，必须注意以下几个方面：

（1）实践主体自身系统应具有开放性。开放性系统要求大学生不能在自我封闭的状态下自我满足，而是必须同自身周围的实践环境进行物质、能量和信息的交换，并依靠这种交换保证自身由不稳定向相对稳定过渡。而这种开放性，不仅要求大学生确定"当今天下，舍我其谁"的高度责任感，而且要求大学生必须具备敏锐的对外界事物接收、分析、处理和运用的能力，从而使自己在实践中不断得到发展和提高。

（2）实践主体应促成自身个性的形成。个性化是社会化的一个高层次组成部分，社会化中如果没有个性化的存在，就会变成统一化和模式化，就只能造就墨守成规、死读书本的书斋先生，就会使人失去改造社会的生机和活力，失去创造性和开拓性。因此，大学生在社会实践中，应勇于思考、敢于发现、认真锻炼，促进自身个性的形成。

（3）实践主体应不断进行自身角色的调适。我们知道，大学生的实践角色与其社会期望角色之间，总有一定的角色差距。而大学生在实践过程中，由于自身是一个开放系统，就能够认识到这种差距并调整自己的学习和实践，从而使自己的角色得以实现，使自己大学阶段社会实践中的社会化任务得以完成。

3．实践活动组织者的社会化

从近年大学生社会实践的实际情况来看，社会实践活动凡是得到社会各界支持的，一般都取得了较好的成绩。但从发展的角度来看，当前社会实践活动社会化的程度还远远适应不了进一步发展社会实践活动的要求。社会实践活动的深入开展必然会出现人数多、空间广、时间长、效率高、内容实的特征，而这些特征的出现，必然依赖于社会各方更多的支持。

实践活动必须得到党和政府的支持。党和政府对人才的培养具有不可推卸的责任，且在人才培养方面占据重要地位。大学生的社会实践活动，作为国家培养高层次人才的重要环节，必定会受到党和政府的关心和支持。实践活动必须得到高校自身的支持。高校作为教育培养大学生的责任承担者，具有最直接组织学生社会实践活动的优势，而组织学生社会实践活动，又是高校完成人才培养任务的重要手段。因此，高校在组织大学生社会实践的过程中，应积极地起到主导作用。实践活动必须取得社会团体和企事业单位的支持。通过社会团体来支持社会实践活动，才能调动更多的人来支持实践活动。企事业单位作为大学生未来的工作场所，具有作为社会实践活动基地的现实意义，而实践活动在企事业单位开展，又必须有企事业单位提供的种种便利条件。

五、大学生社会实践的新探索

新的时代不仅对大学生有了新的要求，同时赋予了大学生社会实践新的任务，要适应时代，就必须实现大学生社会实践理念上的更新。

（一）将大学生社会实践与建设社会主义新农村的需要结合起来

大学生是掌握着一定基础知识和专业知识的青年知识分子，他们的参与，无疑会有效地促进社会主义新农村的建设。另一方面，大学生加入到社会主义新农村的建设中，又会给他们的专业知识提供用武之地，使他们的实际能力得到提高。将大学生的社会实践与建设社会主义新农村的需要结合起来，意味着我们对大学生的社会实践在观念上要有一个更新或变革，即要从过去单方面地将大学生作为社会实践的受动者，通过社会实践提高工作能力，培养良好的思想品德，转变为大学生既是社会实践的受动者，又是社会实践的"授动者"大学生作为科技知识和精神文明的载体在实践中去建设社会主义新农村。

（二）将大学生社会实践与城市社区精神文明与政治文明建设的需要结合起来

当我们将大学生既看作社会实践的受动者又视为社会实践的"授动者"

时，就应充分利用大学生这一科技知识和精神文明的载体，将其运用到变革社会的活动中去。将大学生的社会实践与城市社区的精神文明和政治文明建设的需要结合起来，持久、稳定而有效地开展社会实践教育活动，使大学生在促进城市社区精神文明与政治文明的社会实践中，自身也得到提高和锻炼。在这类社会实践活动中，大学生可以将高校思想政治理论课中所学习到的内容应用于实践活动中，既能将知识活用，又能深化理论认识，同时还可以通过自身努力，促使社会变革，成为推动社会文明进步的重要力量。

第五章　大学生管理队伍存在的问题及建设路径

大学生管理工作的要求和内容能否落到实处，关键在于能否培养一批高素质的大学生管理队伍。大学生管理队伍是保证高校坚持社会主义办学方向，全面贯彻党的教育方针，培养德智体美等全面发展的社会主义事业建设者和接班人的一支不可缺少的重要力量，是高校教师和管理队伍的重要组成部分，是学生教育工作的组织者和指导者。

第一节　大学生管理队伍概述

教育队伍建设不但是进行大学生管理的基本要求，教育队伍建设进程本身也是非常有意义的德育活动，它集中体现了教育的道德基础、伦理功能、教育的社会意图和人文关怀，它同样会遭遇教育的现实瓶颈、客观问题、条件缺失和矛盾冲突，其建设经验是大学生管理工作的重要参考，因此无论是作为一种道德价值存在，或作为一种道德价值的承载，教育队伍建设在大学生管理质量提升进程中都具有重要的不可替代的重要意义。

一、大学生管理队伍建设的重要性

（一）时代发展的客观要求

党的二十大报告中强调，"从现在起，中国共产党的中心任务就是团结带领全国各族人民全面建成社会主义现代化强国、实现第二个百年奋斗目标，以中国式现代化全面推进中华民族伟大复兴。"①为了完成这个奋斗目

---

① 习近平. 高举中国特色社会主义伟大旗帜　为全面建设社会主义现代化国家而团结奋斗——在中国共产党第二十次全国代表大会上的报告（2022 年 10 月 16 日）[R]. 人民日报，2022-11-26（01 版）.

标，新时期的高校大学生必须肩负起这一光荣而伟大的历史任务，做一个合格的、优秀的新时代青年。在大学生管理工作开展过程中，应该深入进行马克思主义基本理论、党的基本路线、基本纲领等内容的教育，帮助他们树立起坚定的社会理想。在社会群体中的宣传教育，引导人们树立中国特色社会主义的共同理想，加强大学生管理工作，应该妥善处理各种矛盾和问题，特别是涉及社会成员切身利益的矛盾，一定要谨慎的处理和对待，以保持友好团结的局面。爱国主义教育也是大学生管理工作中的重要组成部分，要抓住社会群体的思维特点和心理需求，结合他们的需求深入开展以爱国主义为核心的团结统一、爱好和平、勤劳勇敢、自强不息的民族精神教育。党团组织应该充分发挥自己的在大学生管理工作中的领导作用，通过合理的规划与管理在社会群体中全面开展大学生管理工作，坚定社会成员的政治立场。精神文化教育是提高大学生管理工作的重要途径，同时也是进行思想政治素质教育，提高人们思想政治水平的重要方式。

（二）有利于从整体上把握大学生管理工作的进程

首先，就当前环境需求而言，由于社会处于转型期，多种因素不可避免地影响着高校师生的思想变迁、心态转化和行为抉择。从总体上说，高校教师队伍主流是好的。他们具有较高的思想觉悟和政治素质，能够在社会各种群体中发挥先锋模范作用，能在复杂的环境中坚持正确的政治观念和健康的思想情操。但也有极少数的教师在政治上、思想上、工作上、作风上受社会腐败风气影响，政治观念有时自觉不自觉地淡化，政治立场自觉不自觉地动摇，逐步丧失坚定的理想信念，沦为物欲的奴隶。这批人员虽然只占极少数，但是倘若不予以高度重视，则会导致更严重的破坏，千里之堤毁于蚁穴。大学生管理工作倘若没有大学教师的高道德水准作为标杆和示范，就会造成大学生管理及其相关活动的普遍低效。

其次，加强教师队伍建设，从方法论的视角阐述了提高大学生管理工作质量的路径。具体来说，加强教师队伍建设，涉及到很多方面，包括政治素质、道德素质、身心素质、专业能力等，其中道德素质的建设是其尤为重要的一个方面。道德教育，是一个涉及价值观形成、道德观培养和理想信念树立等多个环节的系统工程。从系统科学的角度来看，无论是大学生的管理工作，还是教师的道德建设，都属于一种持续与周围环境交换信息、物质和能量，并能相对独立运行的复杂系统。教师的道德建设与学生的思想教育，可谓是相互作用的两个复杂系统。由于教师群体整体而言具有较高的素质，并对教育教学活动有深入的体会和灵敏的认知，教师道德建设工作开展的效率和效果应当要优于大学生管理工作，同时教师道德建设工程中的很多思想、方法、经验，可以为大学生管理工作提供重要的借鉴和参考，因此也就可以运用教师道德建设视角解析更为复杂的大学生管理工作，为我们提供一条更为简洁、高效的系统化剖析大学生管理整体性能的研究路径，为切实加强和改进大学生管理工作提供新的思路。

（三）提升大学生道德成果的基本保障

大学生道德能否达到预期的效果，其价值能否实现，一要靠真理的力量，二要靠人格的力量。但无论是真理的力量还是人格的力量，都要通过大学生管理工作者体现出来。一方面，他们所宣传教育的内容，必须是合乎实际，反映事物的本质和社会发展的真正规律，能够正确而且深刻地体现马列主义、毛泽东思想、中国特色的社会主义理论体系以及党的路线、方针、政策的精神实质的。另一方面，他们又必须带头实践自己所宣传、提倡的东西，做到言行一致，才能起到示范带头作用。因此，只有提高大学生管理工作者的素质和能力才能推动大学生管理工作的发展。

（四）引导培养我国青年工作的开展

当前，国际局势动荡复杂，各国的政治活动频繁并且局部战争时有发生。改革开放以来，在这个信息化的时代，各类事件不断在当代青年人的视野中出现。青年时代是人生观、世界观以及价值观逐渐形成并逐步稳定的关键时期，对人的一生有十分重要的影响。我国的青年学生人群以 00 后为主体，他们热衷于接触新鲜事物，思想相对开放，因而对他们的价值观引导至关重要。"少年强，则国强。"大学生管理队伍的职责就是让我国广大的青少年从内心"变强"：在政治立场上坚定地发展社会主义，与其他一切违背社会主义原则、危害人民利益的坏人坏事作斗争；在实际工作中勤奋努力，积极投身于社会主义建设的伟大事业；在日常生活中乐观开朗，积极向上。党的十八大以来，以习近平为总书记的党的新一代领导集体，狠抓反腐倡廉工作，严厉打击腐败分子，处理了一批又一批贪官污吏。这其中不乏受过高等教育的高级知识分子，他们在各种利益的诱惑下，丧失了党员的先进性，背离了"人民利益高于一切"的路线，最终走向了贪污受贿的罪恶深渊。

二、大学生管理队伍的构成

（一）专职辅导员

当前，大学生管理工作的紧迫要求我们必须建设一支精锐的职业性的专职辅导员队伍。对这支队伍的配备要求，2006 年 9 月 1 日起正式施行的中华人民共和国教育部《普通高校辅导员队伍建设规定》第三章第六条明确指出，"高校总体上要按师生比不低于 1：200 的比例设置本、专科生一线专职辅导员岗位。辅导员的配备应以专职为主、专兼结合，每个院（系）的每个年级应当设专职辅导员。每个班级都要配备一名兼职班主任"。教育部《关于加强高校辅导员班主任队伍建设的意见》（2008 年）明确指出："辅导员、班主任是……学生健康成长的指导者和引路人。"根据中央的指令要求，各地还纷纷出台了各具地方特点的相关意见并予以落实。比如 2006 年 11 月上海市出台的《关于进一步加强上海高校辅导员队伍建设的若干意见》（以下简称《意见》）中，对配备的比例要求也做了优化，要求本、专科生专职辅导员按 1：150 的比例配备，研究生专职辅导员按 1：200 的比例配备。同时还指出，除了传统的配在班上的做法，辅导员还可配在学生生活园区或专业、二级学科、实验室（课题组）中。

由辅导员、班主任组成的大学生管理专职队伍，是开展大学生管理工作的骨干力量，承担着学生的人生导师和健康成长的知心朋友的重任，承担着我国大学生教育管理工作坚持马克思主义方向的重任，承担着培养我国大学生在今后的工作和学习中坚持马克思主义认识论、辩证法，坚持把马克思主义和我国实际相结合的重任。他们的工作领域，涵盖了学生生活的方方面面。工作内容包括学生价值观引导、道德品质教育、党团建设、学风建设、心理指导、就业指导、勤工助学、宿舍管理、帮困救助、社会实践、社团文化建设等一切和学生学习生活相关的内容。这就要求辅导员要兼具人生发展引路人、职业指导师、心理咨询师等多重角色，必须在政治上和业务能力上都具有过硬的素质，在原则的坚定性和方法的灵活性上都靠得住。

根据精锐和职业型的建设目标，首先，在辅导员的聘用上，有严格的准入条件。比如，上海市出台的《意见》就明确指出，要求新聘的辅导员应该为中共党员，一般具有硕士及以上学历，有相关的学科专业背景，有较强的责任心和敬业精神，热爱学生，善于做大学生管理工作。其次，辅导员在工作过程中，还应该通过适时地再培训和学习，取得相应的职业资格。作为职业型队伍建设的需要，相关社会职能部门应依据辅导员的工作任务、学科背景、学历层次、道德水准、工作能力等方面来建立相应的职业资格制度。

"政治强、业务精、纪律严、作风正"十二字，是对辅导员这支精锐又职业化队伍标准的凝练表述。

政治强：辅导员首要的素质是政治理论素质。历史上我国辅导员最初的名称是政治指导员，全面负责基层中队学员的思想、学习、健康和生活等工作。新中国成立后，我国的大学生教育在继承了抗日军政大学政治指导员制度的优良传统，同时借鉴了苏联的经验，建立了政治辅导员制度。政治辅导员的第一要务就是做学员的思想政治工作，同时，还要承担学生党建工作。由此可以看出，从事辅导员这个职业首先必须要有较强的政治理论素质，能真学、真懂、真信、真用，坚持以马克思列宁主义、毛泽东思想、邓小平理论、"三个代表"重要思想、科学发展观、新时代中国特色社会主义思想为指导，贯彻落实党的"二十大"精神，进一步坚定理想信念，坚持政治原则，坚持政治方向。

业务精：辅导员队伍将由"实践型"向"实践——研究型"转变。要干好这个职业，辅导员必须具有较高的政治素质。除此之外，还要了解学生思想状况发展规律和成长成才的规律，成为学生的心理咨询师、职业指导师、生活指导师等，关爱学生，当学生一个真正的朋友。尤其是处在学生的个体自主性日益增强的时代，学生对当今社会的政治、经济、科技、文化都保持高度的关注，辅导员必须随着时代共同发展，掌握必备的专业知识，即作为老师同时又承担学生成长道路上的朋友，才能符合职业需要。同时，工作中要既讲究方式方法，又善于区分不同性质的矛盾，做到头脑清醒，审时度势、防微杜渐，保证学生思想朝着正确的方向发展。

纪律严：一支精锐的队伍，必须有严明的纪律作保证。辅导员首先必须坚守严明的政治纪律，在牢牢掌握党的方针政策和国家法律法规的基础上，增强法治观念，自觉用《中国共产党章程》规范自己的言行，所有言论必须保持和马克思主义、毛泽东思想、中国特色社会主义理论体系以及党和国家的方针、路线、政策高度一致；其次，辅导员还必须有高尚的职业操守，具有把学生培养成为"四有新人"教师的职业自觉性；最后，辅导员也必须坚守严明的工作纪律，以党员教师的标准严格要求自己，严守党的纪律。

作风正：作为与学生接触最为密切的大学老师，辅导员的作风直接影响到学生的思想健康。深入学生、发扬民主、尊重理解关爱学生，以人为本，热忱服务，是辅导员应该树立的良好形象。辅导员的作风，体现的是党员的党风，体现的是大学教师的师风，体现的是我们党、我们国家和社会所要倡导的社会主义核心价值观，对学生影响巨大。所以，作为精锐的职业性的辅导员队伍，必须具备正派的工作作风。辅导员是对大学生思想影响最为深刻的老师，因此辅导员自身的作风形象直接关系着大学教育的成败。

（二）日常管理人员

大学生管理是个系统工程，由方方面面的力量组成的业务型的日常管理队伍是大学生管理工作的重要力量。这支队伍，在一般以学生工作领导小组的形式存在，由主管学生工作的党委副书记、党委组织部、宣传部、学生工作部（处）、团委等各个部门的相关人员组成。这些部门，在大学生管理工作中都担负着各自的重要职能，尽管工作侧重点各不相同，但各有优势，目标一致，能够形成大学生管理工作的合力。首先，各个职能部门在学校党委的统一领导下，在同一个工作目标下，发挥各自优势，担负各自职能，从组织、宣传、党建、团建、学生日常管理等不同工作角度，统筹规划和组织实施相关业务工作，并将这些组织精神下达到学院层面的党组织书记、副书记、学生辅导员等队伍再开展相关条线的业务工作，有序管理。其次是齐抓共管、协同作战。尽管这些职能部门都有各自不同的业务领域，但工作目标都是一致的。学校以学生工作领导小组的形式将这些职能部门组织在一起，互通情况、共商思想政治工作的实施方案，并在方案确定后，分头实施，协同作战，形成合力。

学生工作领导小组的工作将散状的学生工作进行网状整合，形成一个巨大的学生工作网络，这个网络覆盖了学生工作的方方面面。这是一支涉及学生工作整个网络指导的系统性工作小组，责任相当重大。可以说这支队伍是否具备高度的政治理论素质和精湛的业务能力，影响到学生工作的整体开展，对于培养四有新人的社会主义教育目的具有十分重大的战略意义。

（三）规划指导团队

大学生管理规划指导队伍是一支研究大学生管理工作的内在规律，做好大学生管理工作的预测工作的队伍,是一支制定大学生管理工作的大政方针,提出的意见带有全局性、普遍性、专题性,并且能够针对大学生管理工作相关问题并指导开展相关工作的队伍,是整个大学生管理工作的智囊团。

当前,国际政治经济局势风云变幻,国内体制改革也已进入攻坚阶段,各种社会矛盾凸显,人们的思想形势呈现日新月异的态势,大学生管理工作中面临的挑战日趋严峻。在这样的情况下,由资深专家组成的大学生管理工作的规划指导队伍显得尤其必要。这支资深专家队伍能够根据社会多方面的情况变化,对大学生管理工作作出指导意见。他们的来源可以是多渠道的,如社会党政工作人员,研究机构的专家学者,相关行业领域的资深人士,也可以是大学生管理领域的行家。凭借这支资深专家队伍的专业优势、行业优势、阅历优势、经验优势等,可以从更广阔的视野、更高的层面、更远的目光、更深的思想深度,前瞻性地预测大学生管理中可能面临的新情况和新问题,在新的社会思潮、思想风暴来临和国际局势变幻之际,迅捷、科学、有效地指导大学生管理工作领域内的相关应对工作,规划和指导相关的工作队伍有效开展工作,从而使我们的大学生管理工作不管在什么情况下,面临怎样的复杂局面,都能始终应对自如、切实有效。

(四)特聘兼职教育人员

《中共中央宣传部、教育部关于进一步加强高等学校学生形势与政策教育的通知》(2008 年)中,在对教师队伍的建设方面,明确提出,"可聘请地方党政领导、知名企业家、社会各条线的先进人物担任特约报告员"。作为对大学生管理教师队伍的有益补充,聘请校外的相关人士组成兼职教育队伍,具有多方面益处。校外的特聘人员,他们往往以自身独特的行业特色、丰富的个人阅历和显著的工作业绩,使其教育更具有独特的个性魅力,也更具有说服力和感染力。同时,他们的讲课或报告,因为内容中伴有大量的社会信息和鲜活的实践案例,更具有积极意义的实践性、针对性和时代性,能够让大学生看到社会积极正面的一面,对社会以及网络上流传的各种思想是一种抵制,也因此更受大学生的青睐。

要建设好这支队伍,首先应该引起学校领导的高度重视,充分挖掘校友、离退休老同志、社会合作共建单位、优秀学生家长等资源,用对教育事业的真诚真挚的情感邀请其中的优秀分子加入到大学生管理队伍的行列,并加强日常的联络和沟通，注重结合大学生管理工作在教育内容、教育主题等方面的实际需求，有体系、合理化地建设好这支队伍。

（五）党政结合教育人员

大学生管理的对象不仅仅是学生，同时也涵盖了全体教职员工。由于教职工自身作为大学生管理的实施者承担着教育职责，直接关联着学生管理工作开展的质量和成效，所以他们自身的思想政治素质情况和对这支队伍的再教育显得至关重要。教职工的教育学习应建立有相应的机制，例如，每周的教师政治学习制度；教师德育分享学习制度；职工党员学习交流活动等等。

对教职工的思想政治管理工作，应着重强调建立一支党政结合的工作队伍。在我国，党组织在大学生管理工作中担负着首要的职责。大学生管理工作应结合教师的工作特点以及实际工作特点开展，这样才更易于取得实效的特点，教职工的思想政治工作必须务实，而要充分重视利用好系科、教研室、科研团队负责人这样一支队伍，把思想政治教育工作开展到实际工作中去，坚定教职工马克思主义信仰。这支队伍的人员应该业务能力强，政治水平高，并具有广泛的群众基础，开展工作具有一定的说服力。同时，充分依托教师所赖以依存的跟专业紧密结合的行政建制的负责人开展思想教育工作，可以使教职工的思想政治工作不至于流于空泛，得以与他们的具体工作实际结合，从而更能提高教育的有效性，以至于达到马克思主义哲学与各科理论进行结合的程度。当然，在其中党组织对这支队伍负有当然的组织学习、教育以及具体指导，共同探讨问题、解决问题的职责。

三、当代大学生管理队伍建设的发展方向

理想状态下的大学生管理工作队伍，应该是一个多层次、高素质、全覆盖的工作队伍。各个队伍有明确的分工和各自负责的具体项目，同时各队伍成员也能够承担多种角色，在适当的情况下对大学生行为和思想进行正确的疏导。

（一）辅导员队伍——职业化

当前，大学生管理工作紧迫需要我们建设一支精锐的职业性很强的辅导员队伍。教育部《关于加强高校辅导员班主任队伍建设的意见》明确指

出："辅导员、班主任是学生健康成长的指导者和引路人。"对这支队伍的配备要求，中华人民共和国教育部《普通高校辅导员队伍建设规定》第三章第六条明确指出，"高校应当按总体上师生比不低于 1∶200 的比例设置专职辅导员岗位，按照专兼结合、以专为主的原则，足额配备到位。专职辅导员是指在院（系）专职从事大学生日常思想政治教育工作的人员，包括院（系）党委（党总支）副书记、学工组长、团委（团总支）书记等专职工作人员，具有教师和管理人员双重身份。高校应参照专任教师聘任的待遇和保障，与专职辅导员建立人事聘用关系，高校可以从优秀专任教师、管理人员、研究生中选聘一定数量兼职辅导员。兼职辅导员工作量按专职辅导员工作量的三分之一核定"。根据中央的指令要求，各地还纷纷出台了各具地方特点的相关意见予以落实。比如，2007 年 1 月中共上海市委办公厅、上海市人民政府办公厅印发的《关于进一步加强上海高校辅导员队伍建设的若干意见》中，对配备的比例要求也做了优化，要根据学生数量按比例确保辅导员编制，配足辅导员。辅导员上岗前应明确其专职或兼职身份，专兼职身份可互相转换。本、专科生专职辅导员要按 1∶150 的比例配备，研究生专职辅导员要按 1∶200 的比例配备（不含校级学生工作部门、团委的人员）。在核算配备比例时，兼职辅导员的工作量可按专职的三分之二折算，要采取"矩阵式"模式配备辅导员。辅导员可配在班（年）级、学生生活园区或专业、二级学科、实验室（课题组）中。学生人数超过 1000 人的院系，要遴选有专业能力的辅导员兼任学生党团建设、职业发展指导、心理咨询辅导、学生事务管理等专业辅导员。

（二）理论课教师——专业化

高校理论课教师作为大学生管理活动的组织者、实施者，教育、引导并规范着学生对理论知识的学习和应用，因此，高校理论课教师应该具备多方面的素质，做到专业化。他们必须具备相关专业知识和理论素养。要做好学生的思想政治教育、日常事务管理、心理健康咨询与辅导、就业指导、职业生涯规划等工作，必须有较高的马克思主义理论水平，专业的教育知识，扎实的教育学、管理学、社会学、心理学等相关知识。而且随着信息社会科学技术的迅猛发展以及各种文化碰撞、交融、渗透，高校学生教育工作者不仅要站在思想和文化的最前沿，解决当代大学生管理方面的各种困惑和问题，而且要始终坚定有效地引导学生树立社会主义核心价值观。

（三）育人队伍——全面化

人的教育不仅仅是狭义的学校课堂教育，还包括广义的社会教育，事物教育。对于高校来说，其每一位教职员工都在影响着大学生思想的形成，都在承担着学生教育管理的职能，他们的一言一行都有可能影响大学生一生的命运。因此大学生的成长与高校的每一位工作人员都有着直接或间接的关系，而学校工作的每一个环节都应体现着育人的功能。学校教师教书育人，学校干部管理育人，后勤职工服务育人。从教师出发，教师是人类灵魂的工程师，是学生成长进步的导师，不论是否在承担着教学工作都应该谨言慎行。中央下发的关于教师队伍建设的文件中明确要求要加强师德建设，"要抓住教师职前培养、职后培训、职务聘任等关键环节，加强马克思主义理论教育，加强教书育人、为人师表教育，加强学风和学术道德教育"。要树立学为人师、行为世范的崇高目标，严于律己，以丰富的学识教育人，以高尚的德行感染人，以人格的魅力折服人。同时教师在自己专业领域的教学过程中，要深入挖掘蕴含在各门课程中的马克思主义哲学原理及其他各种教育资源，使学生自觉的从马克思主义的角度思考问题。如上财务管理的专业课的教师，可结合财务管理教学内容中实际工作与理论认识的差别对学生进行马克思主义认识论的教育，财务管理中信用的重要性，开展对大学生的信用教育和诚信教育；上跨文化交流课的老师，可结合跨文化交流中一些礼仪和注意事项的讲解，开展爱国主义、国格、人格、民族精神的教育。苏霍姆林斯基曾经指出，"造成青少年教育困难的重要原因在于教育实践在他们面前以赤裸裸的形式进行，而处于这种年龄阶段的人按其本性来说是不愿意感到有人在教育他们的"。[1]结合实际开展的大学生管理工作，往往比单纯的学生教育管理工作更容易取得实效。在学校的管理、服务各个环节中，管理、服务工作人员的自身素质、工作态度以及工作成效同样影响着所有学生的思想实际，渗透着教育功能，对学生的世界观、人生观和价值观的确立起着潜移默化的作用，所谓"润物细无声"。因此，发挥全体教职工的育人作用，实现高校教学、管理、服务工作中学生教育管理功能的全覆盖，是大学生管理工作最终取得实效的重要条件。

---

① 苏霍姆林斯基. 睿智的父母之爱[M]. 罗亦超，译. 石家庄：河北人民出版社，2001：156.

第二节 大学生管理队伍存在的问题

当前，大学生管理队伍建设中"数量不足、质量不高、队伍不稳"的状况正在得到逐步改变，并取得了一定的成绩。但需要注意的是，这并没有彻底消除我国大学生管理队伍建设中长期存在的一系列矛盾和问题，必须要引起对这些问题的重视。

一、大学生管理队伍建设取得的成绩

（一）学生管理队伍建设的重要地位逐步得到了确立

20世纪90年代开始，我们党确定了辅导员的主要职责，把培养社会主义的合格的建设者和可靠的接班人确定为我国高校辅导员的主要职责。进入21世纪，又进一步强调辅导员担负培养高校人才和教育他们的双重使命。作为大学生思想政治教育的直接参与者。因此辅导员是大学生思想政治教育的最基层的实施者。是参与教育的骨干。他们组织和管理大学生的日常思想政治教育工作。他们有多重的角色，"既是大学生的知心朋友，又是他们人生当中的导师。"[①]

在当前的社会和经济建设中，辅导员队伍发挥着重要的作用，他们为我国社会主义和经济建设培养了优秀的人才，这些人才走向社会后，是推动社会变革和进步的中坚力量。辅导员队伍建设对我维护我国的社会稳定，维护国家的安全，以及创建和谐的社会都有时分重要的意义。对"促进大学生的全面发展和健康成长成才有十分重要的意义。"实践证明，制度的完善需要在实践中来实现，且是一个不断深化的过程。相信在当前党和国家领导的高度重视下。辅导员制度会得到进一步的完善和发展。

（二）形成了稳定的工作机制

从我国高校辅导员制度建立以来至今，一代又一代的学生管理工作者他们在自己的工作岗位上无私地奉献出了自己的最美好的年华。他们工作

[①] 李卫红. 抓住根本立德树人切实把高校辅导员队伍建设提高到一个新水平[J]. 思想教育研究，2007（10）.

尽职尽责，为社会培养和输送了一茬又一茬的毕业生。这些毕业生走向社会后，才华奉献人类，将所学知识服务于社会。作为辅导员本身，他们自己又何尝不是在辅导员队伍这座熔炉里百炼成钢。他们在这个工作岗位上提高了管理能力，增长了知识和才华。有的成为管理的专家，有的发展成为学术的大师。有的成为治党和治理国家的精英。

同时，作为高校的一种组织制度，学生管理辅导员制度在不同历史时期都有较为稳定的工作队伍。他们目前的工作机制比较健全。学生的管理制度比较完善。尤其是在21世纪，随着党和国家领导人的重视，高校的扩招政策使很多高校采取了强有力的措施来加强管理队伍的建设。一整套完善的保障机制得以建立起来，如如何选拔管理人员，选拔参考的条例。如何对辅导员进行培养和管理，甚至对他们工作的考核和激励都有机制的保障。这样，高校管理队伍的素质得以提高，人员得以充实，为顺利开展学生工作打下了坚实的基础。也为高校培养人才提供了有力的保证。

（三）建设目标更加明确

我国高等教育为社会主义建设培养优秀的人才，教育和政治的关系密不可分，我国的高等教育要贯彻为无产阶级服务的方针。20世纪90年代，党中央总结了过去的教训，重视大学生的思想政治教育。并进一步强调了辅导员的职能，加强了队伍的建设。把职能定位于为培养合格的建设者和接班人。而21世纪，随着高校的扩招政策，我国高校纷纷摩拳擦掌，重组和扩大。大众化教育时代来临，面对新的机遇和挑战。辅导员的职能再一次由单一的思想政治教育扩展丰富为多方面的工作职能。除了思想政治教育，还把学生的日常管理、心理健康方面的教育，学风建设，就业指导，学生的道德培养等纳入工作职能的范畴。这种划分更加科学和多元化、合理化。

（四）自身发展得到不断加强

无论是处于哪个历史时期，也不管学生管理队伍担任什么样的角色，在服务和管理学生的过程中，他们自身的素质也得以提高，能力得以加强，学识也得以丰富。如20世纪五六十年代的双肩挑就培养了很多治党和治国的精英。八十年代的规划培养也使管理人员得到锻炼，他们或发展成高校的管理核心人员，或进入到学术方面的专家，有些成为政府部门的管理精英。到了新时期，随着学生管理队伍的专业化进程，他们的整体素质和综合素质较之以往更加注重。为了更好地发挥作用，旅行他们的管理职能。辅导员的要求从专科到本科到硕士再到博士，使这支队伍的专业建设不断加强。

二、当前我国大学生管理队伍中存在的不足

（一）专业化培训不足

当前，我国的高校规模大，成为培养人才的主阵地，也成为学术创新，科学研究的前沿。高校着重学术性和科研的特点使专业性的学术人才和其他的人员相比，显得高高在上。而辅导员因为工作的繁杂性，事务多导致生活的节奏加快。他们想在学术研究上也有所建树，但难免力不从心。对政治学和教育学以及心理学等专业虽然有所涉猎，但难于精进。样样通未必能做到样样精，因此在教师中他们显得没有地位，在学生中很难通过学术的魅力来树立他们的威信。因此，他们在工作中会有失落感。

当前，高校打造的辅导员队伍，都是一支年轻的主力军，他们工作上能和学生打成一片。能走近学生的心灵世界，但是队伍的知识化和专业化并不等同于他们拥有大学生思想政治教育的专业素质和能力，或者说这方面的素质和能力还有待提高。必须进一步加强对他们的专业引领和丰富他们的知识储备。能够让他们足以应付各种复杂的局面，能够做到临危不乱，指挥若定。

然而目前，在中国基本上没有全国性的正式的与学生工作者专业化相匹配的学生事务相关协会组织，只有以行业为主体如师范院校成立的学生工作研究会，医科学校成立的学生工作研究会等。这些团体的成立以民间的方式在尝试。国内设有辅导员专业培训的点少之又少，学科建设、培养体制等方面都还不完善。加之由于长期以来高校对辅导员工作有意无意的忽视，高校对辅导员队伍的培训还要加大力度，要开展定期的培训，各个高校之间还要加强合作。进行专业理论的探讨，使他们的业务能力不断提升。从而对我国的高等教育发挥出重要的作用。

（二）评奖评优欠公平

据了解，我国高校辅导员主要由专职与兼职人员两部分组成，大多数高校辅导员是以兼职为主，配备少量的专职人员。当前我国高校辅导员的制度虽然日趋完善，但辅导员的身份和地位的界定一直存在着一些问题。

一是因为辅导员队伍的年轻化决定他们的寿命只有短短几年,目前平均为3到5年。他们的来源有两种,一是由高校的青年业务课教师来兼任。一肩挑两条,一边是业务工作,一边是思想政治教育。还有一种来源是直接来源高年级的本科生或说是研究生。他们思想觉悟比较高,一边学习,一边从事学生的教育工作。因此,我们可以看到辅导员的整体资质比较浅。他们身兼数职,工作量大,任务重,生活节奏快导致他们无法潜心专研学业。无法和专业的教师相比,因此他们的科研成果在职称方面的晋升上无法与专业的教师相比。评优评奖中,很难占有优势。

除此之外,如何对辅导员进行科学合理的评价,目前,在我国高校,还没有建立一系列科学合理的评价机制和体系。没有量化评价机制。虽然他们工作兢兢业业,任劳任怨,但工作的成绩却很难通过一些量化的手段来进行合理的评价。还因为高校规模的不同,院系的区别造成了辅导员工作量的大小。很多高校都是采取"二级院系管理体制"。有的院系规模很大,学生人数上千。而有的只有几十个人。所有人数少的院系辅导员工作很容易看出他的成效。而人数多的院系很难看出他的工作成效。由于学校的评价制度是一样的,导致评价的时候很难做到公正公平。

(三)待遇与工作量不平衡

辅导员的核心工作时对学生进行思想政治教育,主要体现在以下几个方面:一是日常生活融入思想政治教育。二是配合院系进行思想政治理论课的教育教学。三是组织和领导基层的党团建设,在班级建设和学生会干部的建设是哪个发挥着主导的作用。除了思想政治政治教育,辅导员的工作还包括对学生的管理和服务两个方面。按照高校的规章制度和循声的行为规范来管理和约束学生的行为。使他们的行为有范,符合社会道德和伦理要求。还可以采取激励和惩罚措施对学生进行管理。而服务主要是指给高校学生提供勤工俭学服务以及心理咨询,和毕业前的就业指导和就业服务。如协助举办大型的招聘会。给学生提供招聘的信息等。当前,我国辅导员的工作已经涵盖了方方面面。具体来说,可以分为以下几个方面:第一,活动方面包括学生的科技活动、文体活动、社会实践活动。第二,教育管理范围包括了安全稳定教育、学风建设、心理健康、就业指导等。每位辅导员不仅负责学生的理想信念和思想品德教育,而且要开展专业学习、心理健康、职业规划等各种辅导,体现出承担任务的综合性。

但是由于种种客观原因，造成辅导员职称较低、地位不高的现实情况，而使广大辅导员们不得不面对薪金待遇水平相对较低的现状。据调查，我国高校辅导员的待遇与专业教师存在着或多或少的差距，如一些高校对于专职辅导员薪水的算法是乘以相应级别专业教师的 0.8 的系数，兼职辅导员则所乘系数更低；在考虑住房问题上，优先照顾教师等等。由此可见，尽管辅导员队伍承担着如此繁重的任务，但待遇与工作量的不平衡问题却一直存在。也正是因为我国许多高校在对待辅导员的待遇、培养、提升等方面都没有给予相应的重视，造成辅导员队伍的积极性、稳定性很难得到保证，使辅导员个人的职业预期及自我实现的需求与现实存在较大反差。

（四）发展方向不明确、职称评定较困难

在一段比较长的时间里，我国高校的辅导员一直处于一种比较尴尬的位置，他们的发展方向和出路不太明确。要么向党政管理干部的方向发展，要么向业务教师的方向发展。这两个发展方向也就意味着辅导员要么放弃掉自己的专业，潜心于党政事务的管理，要么离开管理方向，去专研教学，成为学术大师。这种制度也就是意味着辅导员只不过是很多人的一块跳板。他们从事的辅导员工作只不过是一个过渡而已。但是在很多高校，很多的辅导员是专职性质的，他们缺少往教室专业转行的机会，再加上和专业的教师相比，他们的科研成果不多，因此在职称晋升的道路上也是艰难重重。而在行政管理方面，他们的身份也很尴尬，竞争也不容乐观。很多领导岗位直接从从事教学行业的教师中提拔，或者本身的门槛设置也比较高，使很多辅导员望而却步。他们竞争的优势也不明显。特别是在新时期新形势下，随着高校学生人数的扩招，辅导员数量也相对增加，以上两条出路已不能满足广大辅导员的发展需要，只能解决少数特别优秀的辅导员的问题，而大多数辅导员还得继续担任现在的职务。

目前，我国许多高校的辅导员除本职工作外，同时还担任着思政课的教学任务，担负着一定的教学工作量，这令辅导员有了特殊的双重身份，"辅导员既是教师，又是干部。还有一些高校的辅导员或者是专业老师，或者是在读研究生，即为"双肩挑"模式。所谓"一心不可二用"，而在"双肩挑"模式下，往往是科研与辅导员本身的职责都难以顾及。辅导员本身的工作事务尤其繁琐，再加上辅导员的教学工作并不轻松，专业发展也需要极大的精力，因此他们很难有时间和精力再去进行学生工作科学理论的研究。这样不仅使他们自己的业务、学习和辅导员的工作都不能高效、优秀地完成，同时也让他们搞不清楚自己的身份，到底是教师、学生、还是干部或是其他角色和时间的冲突，辅导员工作的特殊性，导致了辅导员往往是"教师队伍的软肋（教学、科研），又是干部队伍的另类（以学生为对象）"。加之目前在我国，高校长期以来自身对辅导员这一群体不够重视，有意无意地忽略了辅导员队伍，在编制、职别、级别等方面问题，没有给予足够的重视，现在虽然国家已经出台了辅导员队伍的职称评审体系的文件，明确了辅导员属于教师编制，但落实方面还有待加强。所以，即便辅导员干得很出色，也无法晋升更高级的学术职称，这便给辅导员的职称评聘问题带来了许多困难。

职称问题不能及时解决，影响着职务上的评定和晋升。辅导员职称、职务的问题较专业教师难以评聘，造成辅导员工作不能像专业教师一样成为一种能够长期从事的职业。这样便导致了辅导员缺乏职业荣誉感、缺乏工作的动力，很难激励起个人的工作激情。如此一来，使得辅导员难以看清明确的、切实可行的发展方向，也不利于实现他们个人事业的发展规划。

第三节　加强大学生管理队伍建设的途径

在当场经济的形势下，大学生管理队伍建设面临着严峻的压力和挑战，管理队伍十分不稳定。因此，加强大学生管理队伍建设，增强大学生管理队伍稳定性，提高大学生管理队伍人员素质，以搞好大学生管理工作，实现学生的全面发展。

一、大学生管理队伍建设的策略研究

本书所介绍的大学生管理队伍建设的基本方法是大学生管理队伍建设活动中所需要依照的内在指引，并不是一种具体的可以照搬照抄的方法体系。马克思唯物主义认识论认为这样的方法根本就不存在。这一套内在方法贯穿于队伍建设过程的始终，指导整个大学生管理队伍建设工作。这些方法主要包括：方向策略与实效策略的结合；理论策略与渗透策略的结合；系统策略与针对策略的结合；长期策略与连续策略的结合。

（一）方向性与实效性结合

方向策略是指大学生管理队伍建设工作中必须有明确的政治方向，它作为大学生管理的一个基本方法，体现了大学生管理目的的基本要求。马克思、恩格斯曾深刻地指出："统治阶级的思想在每一时代都是占统治地位的思想"，"占统治地位的思想不过是占统治地位的物质关系在观念上的表现"，"一个阶级是社会上占统治地位的物质力量，同时也是社会上占统治地位的精神力量。支配着物质生产资料的阶级，同时也支配着精神生产资料"①。因此，任何统治阶级都十分重视意识形态领域的工作，总是通过各种方式把代表本阶级意志和利益的思想向社会推广宣传，并确保其在社会意识形态领域里的主导地位。我国社会主义基本制度的规定的教育目的决定了大学生管理队伍建设的方向，即必须把握社会主义方向，必须代表广大人民群众的根本利益，必须体现党的基本路线的要求。坚持大学生管理的方向性准则，就必须通过实施科学管理、采取有效措施、建立完善机制，把方向性的基本要求贯穿到大学生管理的全过程，融会到大学生管理工作的全部内容中去，使从事大学生管理工作的老师和工作人员坚定社会主义的信念和理想，在实践中努力实践培养社会主义的全面人才的目的。

大学生管理队伍建设在坚持社会主义政治方向的同时，还必须追求实效性，即注意大学生管理队伍建设工作的实际效果。是否具有实效性和实效性的大小是检测评估大学生管理队伍建设工作成功与否的重要尺度。这里说的实际效果，既包括精神成果，也包括物质成果，既要看大学生管理工作者思想道德境界的升华，精神世界和人格情感对于大学生管理工作的投入，也要考察大学生管理工作者处理学生各方面问题的专业水平、工作技能等综合素质的提高。实效性还涉及效率和质量的问题。大学生管理队伍建设工作不能满足于一般的效果，必须讲求高标准、高效率、高质量，取得相对满意效果。所谓相对满意效果，就是在尽量考虑种种限制条件下，尽当时最大限度的努力所可能达到的最佳最优效果。追求实效性原则要求管理者在决策和拟定工作计划时，要从客观实际出发，对决策方案和教育计划进行可行性研究，事先预测实践效果，避免主观主义；在目标实施过程中，要通过一系列措施、方法对教育活动进行监督、调控，使之按既定

---

① 卡尔·马克思，弗里德里希·恩格斯. 马克思恩格斯选集（第 1 卷）[M]. 中国中央编译局，译. 北京：人民出版社，1995：98.

轨道运行；在总结工作时，应建立和完善信息反馈和评价机制，使管理者能及时获得准确的结果，并进行科学分析和评价。

（二）理论性与渗透性结合

大学生管理的理论性较强，这就要求大学生管理必须始终贯彻理论性准则，坚持科学理论的指导，有效地组织实施学生管理工作。马克思曾指出："理论一经掌握群众，也会变成物质力量"[①]，列宁也指出："没有革命的理论，就不会有革命的运动……只有以先进理论为指南的党，才能实现先进战士的作用。"[②]这些论述都深刻地揭示了理论的重要性。从某种意义上讲，大学生管理队伍建设取得什么样的效果，依赖于对理论的重视程度，依赖于对理论的学习、研究情况和理论的应用情况。没有坚实理论基础的大学生管理，是苍白无力的。在大学生管理队伍建设实践中坚持使用理论策略，就要加强完整、系统的马克思主义理论教育，加强实体性的学生管理工作，使大学生管理队伍认真学习马克思列宁主义、毛泽东思想、邓小平理论、"三个代表"重要思想、科学发展观、新时代中国特色社会主义思想，完整、系统、准确地领会和掌握马克思主义理论这一认识世界、改造世界的强大的思想武器；真正把握马克思主义的精髓和精神实质，并运用其解决大学生管理中的现实问题，做好理论工作，充分发挥马克思主义理论对大学生管理队伍建设的指导作用。

大学生管理的理论策略与渗透策略是紧密联系在一起的。所谓渗透策略，就是要遵循人的思想发展规律，把大学生管理渗透到大学生日常思想管理活动中去，与各种具体工作有机结合起来。融合各种教育因素和中介，用潜移默化的形式循序进行。坚持渗透策略，要求大学生管理部门增强渗透意识，积极创设条件，利用社会调查、参观访问和开展创建文明城市、文明社区、文明单位活动等多种形式建设大学生管理队伍。让大学生管理工作者将马克思列宁主义、毛泽东思想、邓小平理论、"三个代表"重要思想、科学发展观、新时代中国特色社会主义思想内化到自己的实际工作中去，是自己的精神世界、人格情感、社会态度等方面更加符合作为一名社会主义性质的教育者所应有的素质。

---

① 卡尔·马克思，弗里德里希·恩格斯. 马克思恩格斯选集（第1卷）[M]. 中国中央编译局，译. 北京：人民出版社，1995：9.

② 列宁. 列宁选集（第1卷）[M]. 中国中央编译局，译. 北京：人民出版社，1995：311.

（三）系统性与针对性的结合

大学生管理还必须坚持系统策略与针对策略结合的准则，也就是说，既要把大学生管理队伍作为一个完整的统一体进行建设，又要根据自身学校的情况，有针对性地进行建设。

系统性是知识经济时代队伍建设与管理的基本特点。它要求在管理中自觉运用系统理论和方法，对管理对象、管理过程进行系统分析，通过管理功能的发挥取得较好的管理效果。大学生管理队伍建设也应坚持系统性准则，其原因主要有以下几点。

1. 坚持系统策略是由大学生管理队伍建设过程自身的特点决定的

大学生管理队伍建设的过程是一个复杂的系统工程，包括两课理论教师队伍建设，大学生党建，辅导员队伍建设，专业课教师队伍建设等多个基本因素和确定教育目标、制定教育计划、选择教育机制、指导受教育者践行社会要求、检查总结等一系列制度建设的基本环节。这些因素和环节按一定的内在联系构成完整的教育过程体系。大学生管理队伍建设中的各个因素都具有不稳定性，它们的组合是动态的组合，这就决定了整个教育过程体系必然呈现不断变化的态势。要想驾驭这样一个复杂的体系，就必须运用系统策略，从整体上对其进行动态的、层次性的把握。

2. 坚持系统策略是实现大学生管理队伍建设根本目标的需要

一方面，人良好的思想政治品质的形成需要经过多个阶段的考验，是一个极其复杂的思想矛盾的运动过程，只有坚持系统管理，才能做好各个阶段的思想转化工作和各阶段之间的衔接工作。另一方面，人的思想认识具有个性差异，只有实行高校学生的系统管理，才能在承认个体性、差异性的前提下，为不同的教育对象创设先进性要求与广泛性要求相结合的教育条件和教育环境，使不同起点的人都能在原有基础上逐步提高，树立共同的理想、信念和高尚的道德情操。

3. 坚持系统策略是由学生管理内容自身的复杂性、不可分割性决定的

高校学生教育管理包含着理论教育、政治教育、思想教育和道德教育等诸多内容。这些内容是一个有内在联系的整体，在实际教育过程中绝不能把它们割裂开来。片面地、孤立地强调某一个或某几个内容，是不会收到好的教育效果的。如果对理论教育和政治教育不管不顾，单纯抓道德教育和思想教育，就会使整个教育缺乏动力和后劲；如果对道德教育和思想教育不闻不问，一味强调理论教育和政治教育，就会使整个教育缺乏目标和方向。因此，在大学生管理中必须坚持联系性的观点和整体性的方法。

大学生管理队伍建设的系统策略和针对策略是不可分割地有机统一。在大学生管理活动中，如果不能坚持系统性准则，就会缺乏大局观念，不能从宏观上把握整个教育活动，容易割断各个部分之间的联系，产生顾此失彼的现象，影响大学生管理效果。但是，如果只强调宏观上的整体观念而不注重在微观上对具体问题的具体分析，则势必导致目标空泛、抽象，目的性、针对性不强，产生"无的放矢"的现象，同样会影响大学生管理效果。因此，大学生管理队伍建设在采取系统策略的同时，还必须采取针对策略。坚持针对策略，就必须针对队伍建设的各个方面进行"有的放矢"的指导。

（四）长期性与连续性结合

长期策略与连续策略结合也是大学生管理队伍建设必须坚持的一个重要方法体系。世界的形势是不断变化的，大学生的思想观念也是不断与自己原有的思想观念斗争的。因此，大学生管理队伍建设也将会是一个长期工程。大学生管理队伍建设者要时时关注大学生思想受到的各种冲击来源，适时地改革大学生管理队伍结构，解决新的冲击问题。例如，在网络化的今天，网络学生管理队伍就是一个必需的组织部门。因此，大学生管理队伍建设必须长期抓、反复抓、抓反复，使之成为一种驱动力，不断推动大学生管理队伍的适应性，朝着进步的方向发展。另外，意识形态领域斗争的长期性和复杂性，也要求大学生管理队伍建设必须坚持长期性准则。马克思主义告诉我们，一定社会的经济基础改变以后，反映这个经济基础的意识形态不会立即消亡，还会在一个相当长的时期内继续存在，并发生一定的影响。在我国，资产阶级作为完整的阶级已被消灭，但资产阶级的影响还将长期存在，并腐蚀着一些人的思想。国际敌对势力也会乘机从思想领域对我们进行渗透和颠覆。大量事实证明，思想领域这块阵地，马克思主义不去占领，各种非马克思主义甚至反对马克思主义者就会去占领。对此，我们必须有清醒的认识，把大学生管理作为长期工作来抓。

大学生管理的长期性是包容着连续性的。人们常说的大学生管理要长抓不懈这句话，就体现了长期性与连续性的统一。所谓"长抓"，就是要把大学生管理作为一项长期任务，"不懈"就是一刻也不能放松，不能出了问题就抓紧，没有问题就放手。坚持教育的连续性，就是按照思想发展变化的规律，有计划地、不间断地进行学生管理工作。

一般来说，连续性应包括这种含义：一是时间上的不间断，二是教育过程中的有序性。时间上的不间断，就是不能随意中断大学生管理队伍建设，不能因忙于其他工作而忽视大学生管理队伍建设。改革开放以来，我们曾一度片面强调经济建设的重要性，放松了对高校学生的管理，结果导致社会道德失范、思想紊乱、信仰危机等一系列问题，严重影响了经济和社会的发展。

二、大学生管理队伍建设的路径研究

在大学生管理队伍的组成中，辅导员队伍和日常管理队伍是与学生接触最为频繁地。这两支队伍的建设应该成为大学生管理队伍建设的重点。这两支队伍建设的路径可以采取以下几种形式：职业化建设路径；专业化建设路径；发展性建设路径；动态性建设路径。

（一）职业化建设路径

实践证明，某类人员素质的提高，一条行之有效的路径是实行职业化，对从业人员进行资格认定。例如维护公民法律权利和法律尊严的律师，为企业理财聚财的会计人员，救死扶伤的医生，他们素质的提高，无不归功于资格认定制度。所以思想政治教育队伍要想更有所为，就必须走职业化之路。具体说来，职业化建设路径应从以下几个方面入手。

1. 树立大学生管理队伍整体良好的职业形象

大学生管理者的形象，不仅直接影响大学生管理这一职业而且是大学生管理队伍形象的重要组成部分。具有良好形象的大学生管理者，既能使受教育者信服，具有强大的凝聚力，又能较容易地赢得社会各界的支持。一生获得 7 个荣誉博士学位，被认为是管理学界最有影响人物之一的美国管理学家巴纳德认为：一项命令是否具有权威，决定于命令的接受者，而不在于命令的发布者。大学生管理人员的形象好坏的重要性，由此可见一斑。大学生管理队伍的职业形象，应包含以下要求。

（1）健康的体魄。教育心理学告诉我们，学生更易于接受表面上看起来美的事物。在大学生思想政治教育工作中，我们不能要求每一个员工都有美丽的外表，但应该有健康的身体。身体健康是一个人美的根基。在工作之时，大学生也更加容易受他的感染，接受其思想。另外，大学生管理工作也是极其消耗体力和精力，没有一个健康的身体，不能坚持下来。

（2）坚韧的意志品格。态度决定一切，作为一个大学生管理工作者，必须具有强烈的事业心和进取心，要对大学生管理有高度的热情和主动负责的态度，保持对大学生管理坚定的信念和自己能够解决好学生问题的自信。同时，大学生管理者还要有对大学生管理工作强烈的责任心和提高大学生管理成效的荣誉感，把改造大学生的精神世界和人格情感当作自己的神圣的历史使命。

（3）有良好的精神状态。做大学生管理工作，应该表现的十分成熟，有雄心而不脱离实际，有干劲而不急功近利；始终保持一种积极向上、虚怀若谷、理智谦和、淡泊宁静的精神境界和心理状态。保持良好地精神状态，需要坚定马克思主义信仰，保持对大学生管理工作的热情，坚持展示对受教育者的表率作用。

（4）有严谨的思想作风。在思想作风方面，我们要坚持党的传统，在延安整风运动中，我们党提出"反对主观主义以整顿学风，反对宗派主义以整顿党风，反对党八股以整顿文风"[①]的要求。在做学生管理工作的时候，辅导员及其他大学生管理教师要注意把这些传统与工作实际相结合。大学生管理工作要重视实际，在工作中一定要注意避免主观主义错误，对学生工作进行实际调查。辅导员是与学生群体接触的工作，因此要注意宗派主义的问题，养成学生独立的思想意识，避免在学生心中种下错误的种子。现在我们党提倡创新，班主任的工作也有其重要，在对学生论文进行指导的过程中既要注重规范性，又要打破常规，避免党八股现象出现在学生群体之中。

2. 建立大学生管理工作者长期投身学生教育管理事业的职业理想

职业理想是指人们对未来工作部门和工作种类的向往，也是指人们对现行工作中想要达到的目标或者是实现的成绩。与职业认识、职业情感和道德意志相比，职业理想具有综合性、稳定性和持久性的特点，它在大学生管理者的道德品质形成中居于主导地位，是道德认识转化为道德行为的重要力量。马克思主义认识论原理认为职业理想是人的社会关系的"上层建筑"，职业理想是建立在人们对于自身所处的政治经济环境的认识基础之上的，受自身的政治经济因素的影响，是个人思想政治素质中的高级层面。

---

① 毛泽东. 毛泽东选集（第3卷）[M]. 北京：人民出版社，1991：812

职业理想有高、中、低层次之分。在各个社会，居于低层次的职业理想，往往把从事的职业视为维持自己和家庭生活的重要手段；居于中层次的职业理想，把职业主要当作发展自身的路径，是个人对自身进行个性化教育的手段；居于高层次的职业理想，是教育中的社会个性化部分，把自己的理想与社会实际相结合，立足本职工作，发挥自身工作对于社会的影响。

大学生管理工作者对大学生管理事业的信念是与社会主义、共产主义理想信念紧密相连、高度一致的。大学生管理工作者只有树立了崇高的职业理想和政治信仰，才能产生强大的内趋力，以坚持不懈的意志与毅力去从事伟大的事业。大学生管理工作者是一项艰巨复杂的工作，从事大学生管理工作会遇到很多困难，但只要坚信社会主义信仰和崇高的职业理想，坚定社会主义必然胜利，有立志为共产主义事业献身的精神，那么不管遇到多大的困难和挫折，都会以坚定的信念感染教育对象，与教育对象一起，产生思想共鸣，增强大学生管理的效果。

3. 培养大学生管理工作者必备的职业技能

大学生管理工作者还必须学会多种本领，逐步培养起自己的实际工作能力。大学生管理者的职业技能主要包括以下几点。

（1）调查研究能力。大学生管理者要有较强的调查研究能力。懂得社会调查原理和方法，重视实证研究，善于接触、观察、了解、分析教育对象和社会环境，并做出正确的决断，要有较高的理论研究分析能力。调查研究是发挥马克思主义理论在大学生管理工作中巨大作用的前提。在进行大学生管理工作的时候，要注意使用调查研究的方法。大学生管理工作面对的群体是一群受各种思想影响的大学生群体，具有一定的辨别能力，用事实说话的方法也更加容易令他们信服。另外，大学生管理工作面对的是一个群体，所从事的工作，是针对一个大学生群体这个基本面的工作，一个大学生思想发生动摇，必定不是单个的现象，必须采用调查研究的方法，找到这种现象产生的根本原因，防微杜渐，保持大学生思想时时刻刻围绕在党旗左右。

（2）思想宣传能力。这主要是指：有较强的口头和文字表达能力，开会讲话能抓住要领、突出重点，富有鼓动性；做群众工作要热情、耐心、细致，能够理解人、关心人；写文章要深入浅出、联系实际、讲究逻辑，富有说服力。这是从事大学生管理工作的基本能力。大学生管理工作采取的方法依然是以劝说说服为主，对于大学生管理工作，必须要能够有这方面的能力，把党的思想、方针、政策宣传到学生中间去。这也是现代大学生管理者个人魅力的重要体现。

（3）组织协调能力。大学生管理工作是社会性的教育活动，同时它的教育对象又是以群体和个体形式出现的人，在大学生管理过程中，既需要组织各种教育力量，以发挥教育合力的作用，又需要进行个别教育，深入细致地开展谈心活动，以取得良好的教育效果。因此，大学生管理者要有较高的组织协调能力，主要包括：能够调动和组织本单位、本部门和社会各方面的力量，协调各方面的力量开展大学生管理工作；能够耐心地、深入细致地开展个别的谈心活动，实施面对面教育，包括主动接近教育对象，懂得教育对象心理，创造良好的谈心气氛，掌握谈心技巧的能力；能够运用各种措施，通过民主管理激发受教育者的积极性，自觉开展思想斗争，实现思想矛盾转化的能力。

（二）专业化建设路径

如果说大学生管理者的职业建设路径侧重于外在的表层的大学生管理队伍建设，那么专业化建设路径则是重点定位在大学生管理者的内在的深层素质管理，具体说来有以下几个方面。

1. 构建符合大学生管理工作要求的知识结构

大学生管理是一门综合性、实践性很强的应用性学科，从事大学生管理工作的每一个教育者，都应该通过学习和锻炼，掌握丰富的知识，达到较高的水平。大学生管理者必须具备合理的知识构成。

（1）具备大学生管理工作要求的扎实的理论知识。扎实的大学生管理专业知识，突出表现为具有扎实的马克思主义理论基础和良好的理论素养，具有大学生管理的基本理论和工作业务方面的知识，包括党的思想政治教育的优良传统和基本经验，大学生管理原理、方法论、学生管理教育发展历史的专门知识等。作为大学生管理工作者，应该掌握一些与教育有关的多门学科知识，比如教育学、心理学、伦理学、政治学、社会学、管理科学，并且要注意运用多门学科的方法。这些诸多学科之外，最为重要的是教育史，多借鉴教育史上关于大学生管理的重要内容，对于我国大学生管理工作具有重大意义。

（2）丰富大学生管理工作的相关学科知识。大学生管理工作不仅承担着对大学生在校内的管理工作，还需要对大学生在校外的思想进行一定程度的指导，以方便他们走上人生的大舞台。因此大学生管理者不仅要有扎实的专业理论知识功底，还要熟悉和了解与大学生管理发生联系的一些辅助知识，例如经济学、法学、历史学、美学、语言学、逻辑学、民族学、宗教学、文学，以及自然科学中的数学、统计学和现代科学技术知识、电脑操作知识等。对于这些相关科学知识，大学生管理者懂得越多，对工作就越有利。

2. 培养大学生管理工作的能力结构

大学生管理者不仅要有广博精深的知识结构，还必须具备相应的工作能力。大学生管理者的能力主要包括以下几点。

（1）思想预测决策能力。大学生管理者要善于在调查研究的基础上，寻找事物内部、事物之间的内在联系，从中把握事物发展的客观规律。通过对客观事物现状的透彻观察和分析，正确估计和预测发展的趋势和结果，制定具有前瞻性的战略和策略，使自己的工作立于有利的地位。特别是在经济全球化、世界多极化的背景下，国际国内竞争日趋激烈、市场需求千变万化、发展机遇稍纵即逝，一个合格的大学生管理者为了实行有效的管理，就必须具备很强的综合分析、预测预见能力。此外，大学生管理者还要具有科学决策的能力。现代科学意义上的决策是大学生管理者的基本职能，它在管理活动中处于核心地位，它能体现和考验大学生管理者的智慧、能力和才干。大学生管理领域中的决策包括：根据自身工作性质和一个时期的工作任务，合理确定决策事项、范围和类别；按照现代决策的基本程序，来确定决策目标；依据主客观条件，拟订、评估和优选决策方案；广泛征求意见，进行试点检验，最后普遍实施决策。在决策中，要遵循客观性原则、可行性原则、系统性原则和民主性原则，把调查研究方法、经验判断方法、智囊咨询方法、集体讨论方法有机结合起来。

（2）独立从事科学研究的能力。大学生管理工作者应具有独立从事科学研究的能力。这是因为大学生管理工作是关于高校学生发展规律的科学，有其严密的逻辑结构和完整的科学体系。随着形势的变化与科技的进步，大学生管理理论必然需要发展和创新，这客观上需要从事大学生管理工作的教职员工具有较高的理论水平和较强的科研能力。不断加强学习和进修，不仅在实践上善于开创新局面，更要能根据社会的发展进行理论创新，唯其如此，才能够驾驭纷繁复杂的社会变化趋势，并为大学生管理理论的可持续发展不断注入生机和活力。

（3）运用现代化手段的能力。21世纪是知识经济的时代，随着科学技术日新月异的迅猛发展，促使人类实践活动的规模、范围空前扩大，社会的复杂程序也日益明显。以信息技术、微电子技术、通信技术、人工智能技术、生物技术、新材料技术、新能源技术和海洋开发技术等为标志的高技术群迅速发展，为大学生管理进入崭新的时代奠定了科学的物质基础。数字化革命、网络共享、多媒体、虚拟技术实现了大学生管理工作的办公自动化。在高科技时代，大学生管理模式将是一个全面知识素质型的模式。建立在知识与信息基础上的大学生管理将实现工作环境的网络化，大学生管理工作者要学会运用现代科技给人类带来的现代化手段，要学会在信息高速公路上及时地与人沟通，快捷有效地完成大学生管理的任务。

3．专业职务和职称管理

高校学生专业化管理的另一个体现是抓好专业职务和职称管理。通过专业职务、职称管理，要使优秀的大学生管理人员受到表彰和奖励，对于不符合条件、表现不好的人员要及时进行调整。建立职称制度，就是为了激励从事大学生管理工作的教职工。大学生管理工作一直存在着队伍不稳定，后备队伍匮乏的问题，职称制度就是解决这一问题的法宝。而要做好这项工作，必须建立科学的考核标准。第一，要坚持客观的原则，全面准确、实事求是地反映大学生管理工作者的状况，并按照统一的标准，公平公正地做出对大学生管理者的评价。第二，要坚持民主公开的原则，将考核的内容和标准、方法和程序等公之于众，公开接受群众监督，并通过征求意见、民主评议方式，让广大群众直接参与建立考核制度。第三，要注重实效的原则，考核制度一旦制定，就要严格贯彻，反对任何形式主义的做法。第四，要坚持依法考核，做到考核的公正，严禁任何形式的舞弊和弄虚作假的手段。要把考核的结果和专业职务、职称评聘管理结合起来，作为对思想政治教育工作者奖惩、培训、辞退以及调整职务、级别和工资的主要依据。

（三）发展性建设路径

现代大学生管理面对的是全球化、信息化与法治化多元化的社会背景。尤其在社会转型时期的中国，社会生活发生了复杂而深刻的变化。经济成分和经济利益多样化、社会生活方式多样化、社会组织形式多样化、就业岗位和就业方式多样化日趋明显，出现了大量的新的社会群体与社会组织，并且这种变化仍将持续下去，而且其方向是多样的。这将给大学生管理带来大量新情况、新问题。因此，从事大学生管理的教职员工要想在今后大有所为，就必须注重自身大学生管理者素质的可持续发展工作。要做到学生管理工作以人为本，提升素质，在发展中增强本领。高校学生发展性管理要做好两方面的工作。

1. 对大学生管理队伍实施培训

大学生管理队伍的培训，是指根据经济和社会发展的需要，按照职位的要求，通过各种形式，有组织地为提高大学生管理者政治和业务素质所进行的培养、训练活动。在培训过程中，要力戒形式主义，要贯穿理论联系实际、学以致用、按需施教、讲求实效的原则。根据需要，建构完整的培训体系，制定科学的培训计划，精挑细选培训的内容，完善改良培训的形式，配备好教师和专家，并作好培训后的追踪反馈和经验总结。培训一定要起到有效作用，切实增强大学生管理者用理论指导工作的本领，观察形势的本领，引导群众进行市场经济建设的本领，用正确的价值观影响人们的思想和行为的本领，凝聚人心的本领，从群众中来、到群众中去的本领，善于调查研究总结经验的本领，抓落实求实效的本领，使大学生管理者改变过去的中心意识，并切实加强服务意识，在做具体工作时"给人喜欢，给人方便，给人信仰，给人希望"。

2. 提高大学生管理队伍学习主动性

未来的大学生管理对象，将是一个智能化的群体，知识型劳动者将走向前台，成为管理的主体。他们知识多、素质高、能力强，具有独立人格，具有现代意识，崇尚科学与理性，这就决定着大学生管理的起点要高，大学生管理者的素质要高。大学生管理者要由单一型向复合型人才转变，要做到是技术业务管理的内行。这就要求大学生管理者自身主动学习和思考，增强知识和素质，积极解决工作中面临的新问题和新情况。从事大学生管理工作的教职员工要做到终身学习，切实做到活到老，学到老，跟上时代发展的步伐，培养时代需要的人才。

（四）动态性建设路径

在新时期，我们要把竞争激励这一根本机制引入、贯穿于大学生管理队伍的管理过程之中，改变以往人事管理"能上不能下、能进不能出、干好干坏一个样"的局面，这对以往人事管理中领导职务实际存在的终身制和优秀人才难以脱颖而出等弊端是一次革命。因为只有大学生管理队伍具有正常的新陈代谢机制，才能增强大学生管理工作队伍的生机和活力。因此必须保持大学生管理队伍人员的正常流动，这既是优化队伍结构的需要，又是现代管理学主张的动态管理原则的要求。要做到动态性管理，应从以下几个方面入手。

1. 对大学生管理队伍的吸收更新

在当前发展社会主义市场经济的条件下，如何建立一个合格的流动制度，是增强队伍活力和生机、稳定和优化队伍的重要措施。我们要做到使专职骨干队伍相对稳定，使其深入从事理论研究，以便积累经验，提高队伍的整体素质和工作水平。同时我们也要淘汰那些不适合从事大学生管理工作的人员，做到优胜劣汰，精兵简政，以提高大学生管理队伍人员的整体形象。在这里，做好人员录用是提高队伍素质的重要一环。只有确保高素质的人才进入大学生管理的队伍，才能在进一步培训的基础上构建一流的大学生管理者队伍。选拔的目的是要建设好一支专兼结合、功能互补、信仰坚定、业务精湛的学生管理队伍。因此，搞好选拔工作是建设队伍的前提和基础，严格把好这一关，是大学生管理队伍建设和管理的关键。在选拔的过程中，我们要切实坚持公开、平等、竞争、全面、择优原则，通过广揽人才，选贤任能，选出第一流的学生管理工作者。因此录用过程应是深入了解、全面考核、认真比较、谨慎筛选的过程。

2. 对大学生管理队伍培养输出人才

大学生管理队伍的人才培训是一项系统的工程，在整个培养过程中，首先要确立培养的目标和计划，根据目标推进的状况适时调整和完善培养计划，并根据计划的执行情况进行定期的回顾和总结，以切实做到大学生管理人才培养的科学性。大学生管理人才的培养应通过脱产学习、在职培训、挂职锻炼、组织参观访问等多路径、多渠道进行，以全面提高自身素质。所以，大学生管理队伍要发展壮大，除了鼓励队伍骨干人员安心工作外，还应制定倾斜策，吸引更多的优秀人才加入到这支队伍，要按照革命化、知识化、专业化、年轻化的标准，注意从中青年中选拔优秀人才，配备到领导班子和各部门中去。对工作中表现突出、有显著成绩和贡献以及其他突出事迹的大学生管理工作者要给予各项具体的奖励。对在工作中取得突出成绩的优秀人员要大胆提拔使用，及时安排到领导岗位上去工作，以便发挥更大的作用。

3. 扩大大学生管理队伍中兼职人员与专业人员交流

目前，我国大学生管理队伍由两部分人组成，一是专职人员，二是兼职人员。其中专职人员是核心和骨干，他们在教育活动中起主导作用。兼职人员是指那些既担负着其他业务工作，又担负着大学生管理任务的人员。尽管他们不是用全部精力和时间来从事学生管理工作，但他们却是这支队伍中一支重要的力量。作好兼职人员与专业人员的交流，既有利于调动更多的人来关心和参与群众性很强的学生管理活动，更有利于学生管理与业务工作相结合。过去长时间的实践证明，兼职人员在大学生管理工作中发挥着专业人员起不到的巨大的特殊作用。因此，要扩大大学生管理的覆盖面和影响力，就必须坚持兼职与专业人员交流的方法，不遗余力地把大学生管理这项社会性很强的实践活动不断推向深入。

第六章　时代背景下大学生管理工作的创新

我国高校学生管理工作历来在学校整体工作中具有特定功能，大学生管理工作是保持学校稳定，保证教学和管理秩序的基础，是对学生进行思想政治教育的重要阵地。但是随着"互联网＋"、大数据、教育大众化时代以及"微时代"的来临，学生的思想观念日益复杂，传统的学生工作管理观念、方式和体制已很难适应形势发展的需要，必须用新的思路加以改革和创新。

第一节　"互联网＋"时代大学生管理工作创新研究

近年来，"互联网＋"在我国得到了迅速的普及和发展，对大学师生的学习生活乃至思想观念都产生着广泛和深刻的影响。对于学生管理，一方面，"互联网＋"的普及和发展为大学生管理工作提供了很好的发展创新的机遇。另一方面，"互联网＋"的普及和发展也带来了一些新的问题，对学生管理工作形成了极大的冲击和挑战。在这种形势下，系统分析"互联网＋"所带来的机遇和挑战，创新大学生管理工作，具有鲜明的现实和理论意义。

一、"互联网＋"的科学内涵

"互联网＋"是创新2.0下的互联网与传统行业融合发展的新形态、新业态，是知识社会创新2.0推动下的互联网形态演进及其催生的经济社会发展新形态。"互联网＋"代表一种新的经济形态，即充分发挥互联网在生产要素配置中的优化和集成作用，将互联网的创新成果深度融合于经济社会各领域之中，提升实体经济的创新力和生产力，形成更广泛的以互联网为基础设施和实现工具的经济发展新形态。"互联网＋"行动计划将重点促进以云计算、物联网、大数据为代表的新一代信息技术与现代制造业、生产性服务业等的融合创新，发展壮大新兴业态，打造新的产业增长点，为大众创业、万众创新提供环境，为产业智能化提供支撑，增强新的经济发展动力，促进国民经济体制增效升级。

（一）"互联网＋"的本质是传统产业的在线化、数据化

"互联网＋"的本质是传统产业对互联网的深层次、全方位应用，以及互联网对传统产业的改造和重塑，而非简单的在线化和数据化传统产业。互联网的应用可以解决现有市场机制下许多解决不了的问题，如缓解信息不对称、降低交易成本；也可以通过改变生产流程，促进竞争力的提高。我国互联网在商业领域的应用已经处于世界领先水平，而互联网在工业领域的应用却大大滞后。从互联网商业到互联网工业，是从互联网应用到"互联网＋"的最好诠释。互联网及信息化正在带来新一轮科技革命。中国当前处在抓住和引领产业革命前沿的最佳机遇期，抓住这次机遇，对于中国经济的长远发展和创新体制建设，具有深远的意义。

（二）"互联网＋"是互联网的全方位应用

互联网归根到底是一种工具，就像前几次技术革命中的蒸汽机、发电机，从被发明后就得到各行各业广泛应用。从这个意义上来看，"互联网＋"是以互联网为主的一整套信息技术（包括移动互联网、云计算、大数据技术等）在经济、社会生活各部门的扩散应用过程。单纯从互联网的应用角度来理解"互联网＋"，人们可能会产生疑问：既然"互联网＋"是国民经济各行业和全社会对互联网的应用，市场经济体制下，因竞争压力而借助互联网进行成本缩减必然成为市场主体的理性选择，那么，互联网的应用不是水到渠成的事情吗?为什么各个国家都以不同的形式将类似于"互联网＋"的内容（如美国的工业互联网）列为国家级战略布局?秘密在于互联网与哪些产业"相加"。

（三）"互联网＋"是产业应用，更是产业重塑

从中国近20年来互联网的短暂发展史来看，中国当前正经历互联网商业向互联网工业过渡时期。互联网与商业的结合，极大地改变了我们的日常生活方式，中国电子商务的快速发展印证了这一点。互联网对商业的改写，毫无疑问降低了市场的运行成本，弥补了中国非统一市场的缺陷。但本质上并未改变其商业属性，解决的仍是生产与消费的低成本匹配问题；基于互联网的零售业态，从本质上只是缩短了零售环节，节省了交易成本。经济史研究表明，商业经济时期社会的创新能力并没有显著提升，其互通有无的本质注定不会产生"生产什么以及如何生产"这样的经济知识。因

此，基于商业贸易的互联网应用，虽然可以改变产业形态，但理论上来说并不会大规模产生新的经济知识以及技术创新。但互联网与工业的结合，却在改写工业生产方式、经济知识供给方式以及技术创新的模式。美国的互联网发展及其战略规划恰恰是这个判断的一个脚注：美国互联网产业发展较早、市场规模也较大，但因为其线下商业体系发达，因此互联网商业发展并没有中式式的爆发增长态势。这从侧面证明互联网商业在本质上仍是传统商业的有益补充；但工业互联网发展却成为美国的国家战略，原因就在于在工业领域，互联网并不仅仅是一种工具。基于互联网的工业并不是传统工业的补充，而是对传统工业的升级或替代。发达国家虽然服务业占比超过工业占比，但发达国家均具有对工业技术的核心掌控能力，制造业发展对于国家创新体系仍起到非常重要的作用。

二、互联网为大学生管理工作带来的机遇和挑战

（一）互联网为大学生管理工作创造了新的机遇

目前我国高等教育存在的诸如高等教育大众化、个性化、终身化、实用化等等问题，都有望借助网络的普及而得以改变。具体说来，这些问题解决的可能性主要体现在：

（1）网络将激发学生学习兴趣和好奇心，增强学习主动性从而促使学生"自学自教自用"的能力得到很大提高；同时也可以帮助教师及时更新教学内容，提高教学水平，改进教学方法。这样，很好地发挥了"教与学"的有效性。

（2）网络高等教育的出现打破了传统教育的时间和空间限制，使得高等教育的大众化和终身化成为可能。

（3）互联网的普及和发展使得个性化教育、按需学习成为可能。

（4）教学模式将从"教师'教'——学生'学'"的模式向"学生'自学、自教、互教'为主——教师引导为主，教授为辅"的模式发展。

大学生管理工作作为高校教育的重要组成部分，也必然受到高等教育模式转变而带来的影响。近些年来，学生管理工作面临诸多困境：管理方式方法单调老套不具创新性；管理内容枯燥陈旧、理论脱离实际的现象突出；学校管理与社会管理脱节，管理社会化问题等等。简言之，这些问题也寄希望于能借助互联网而得到解决。

同传统的学生管理工作相比较，应用互联网开展学生管理工作，为学

生管理工作的开展提供了巨大的空间，其表现为以下几点：

（1）拓宽和丰富了学生管理工作的内容。

（2）促进了学生管理工作方式方法的转变。

（3）开辟了学生管理工作的新途径。

（4）创造了大学生管理工作的新环境。

可以说，学生管理工作利用网络是适应社会发展的需要，也是学生管理工作自身多样性、综合性和时代性等特征所决定的。

（二）互联网为大学生管理工作带来新的挑战

在对高校大学生进行管理的过程中，互联网着实给学生管理带来了不可忽视的挑战，其主要表现为以下几点。

1. 对大学生政治观、价值观的影响

不可否认，网络以现代化的形式和手段将德育的内容具体化、生动形象化，对大学生学习政治理论、培养坚定正确的政治观和价值观，起了积极的推动作用。但是，网络对大学生的政治观、价值观也带来了消极负面的影响。在互联网时代，青少年学生虽然知识丰富、爱国热情和社会责任感高，但由于其经验和阅历有限，对国情、世情体察不深，对网上出现的一些社会现象认识不深或片面，容易被西方宣传的思想渗透而西化。

2. 对大学生道德观、法制观的影响

学生管理工作的重要任务是提高大学生的道德文明程度，培养大学生的良好的道德品质和法制观念，提倡职业道德和恋爱婚姻家庭美德。而网络的应用为高校德育理论与实际的结合起到了促进作用，也深化了大学生的道德观和法制观，但是，网络带来的问题也不容忽视。

（1）社会责任弱化。互联网制造出来的虚拟社会为大学生群体提供了极大的自由度，这种虚拟环境往往会使他们忘记自己的社会角色和社会责任，从而做出一些不道德甚至违法的事情。

（2）道德冷漠。如今无数大学生沉迷于聊天交友及各种电子游戏，大大减少了与他人进行可视性、亲和感的人际交往，这样容易使其对他人和社会的幸福漠不关心，失去幸福感知。另外，虚拟社会的非人性特点，也易使大学生的人性受到影响。

（3）恋爱婚姻游戏化。带有游戏性色彩的网恋在大学生中盛行已久，

接着又出现网上同居、网婚等，在虚拟社会如此，那回到现实社会呢？

3．对大学生心理健康的影响

网络对大学生心理健康的影响主要表现为网痴迷上网而带来的一系列心理问题，如网瘾。网瘾与其说是一种生理问题不如说是心理问题，属于一种强迫症。

三、"互联网＋"时代大学生管理工作的发展趋势

（一）全面提高高校学生媒介素养

1．当前我国高校学生媒介素养教育存在的问题

"互联网＋"时代高校学生媒介素养存在的诸多问题，主要原因就在于我国媒介素养教育的长期缺失。要想除此沉疴积弊，既要加强完善对新媒体的监督管理体系，更重要的是调动社会、学校、媒体与家庭四方面的联动作用，构建四位一体的媒介素养教育体系。

（1）高校媒介素养教育的缺失。高校的教育是大学生提高媒介素养最直接有效的途径，但目前我国大陆地区高校普遍不重视大学生的媒介素养教育，教学实践基本处于空白。尽管我国对媒介素养教育的研究已有多年历史，但仍然停留在理论阶段，没能从我国的媒介生态的大环境中对媒介素养教育实践提出有益的建议。在实践中，只有少数大学生能通过有限的校园媒体资源去参与、体验媒介的运作，同时过程中缺乏专业老师的指导和培训，基本处于自发状态。在理论上，除了传媒相关专业学生，学校很少面向其他专业学生开展关于媒介素养教育的相关课程或讲座。

（2）新媒体中"把关人"作用的缺位。教育并非一定来自课堂，大学生对媒体的接触、实践也是一种间接受教育方式。新媒体所提供的价值取向，无论是对信息价值的判断或对事件思考方式的提供，都会潜移默化地影响大学生对于客观世界的认知判断，甚至为他们形成价值观提供参照。在新媒体环境下，传者、受众的界限模糊，"人人都有麦克风"、人人都是"把关人"，但是专业素养的缺乏使得信息的真实性和质量难以保证。值得注意的是，在新媒体中是否进行把关，更多的不是能力问题，而是态度与观念问题。为了获得眼球经济，争取更多的受众，网络媒体的信息筛选加工往往只看市场标准，使得许多虚假、媚俗的信息充斥其中。新媒体公信力的降低和"把关人"的实际缺位，给大学生带来了负面影响，会使他们

形成重物质享乐，轻责任理想的风气。

（3）国内媒介素养教育体系建构不足。在我国，"素质教育"的口号已经喊了很多年，许多地区也纷纷出台文件，试水教育改革，但是始终无法撼动拥有悠久历史的应试教育体制。这使家庭和高校对青少年的培养带有明显的功利主义色彩，追求实用和速成。而媒介素养教育的成果是寓于长期、持续的教育之中的。这两者间的矛盾揭示出我国媒介素养教育难以形成规模的社会历史根源。

此外，我国媒介资源有限而人口数量庞大的现状也使媒介素养教育的推行缺乏硬件支持，难以形成一定的规模和体系。同时，媒介素养教育缺少政府部门政策制度的支持和推行媒介素养教育的专门机构，这也是社会各界对媒介素养教育的紧迫性和重要性无法形成正确认识的根本原因所在。

2. 提高高校学生媒介素养的有效途径

（1）学校方面。

第一，营造媒介教育氛围，进行媒介素养宣传。媒介素养要进入校园，融入大学生的生活中，还要一个大家认识和认可的过程。因此，大学校园应充分利用自身传播知识和文化的优势，加大对媒介素养宣传力度。校园广播、电视台、报纸、期刊、社团等都是校园媒介素养宣传的舆论阵地，它们作为在校学生的精神环境，对大学生有着不可替代的潜移默化的影响。所以，加强校园媒介素养宣传，就要形成全方位的校园舆论环境，利用各种媒介形式和手段，营造良好的媒介教育氛围。

第二，开设媒介素养教育课程，建设高素质媒介素养教育队伍。媒介素养是一个新的课题。目前为止，我国的媒介素养教育实践验还未完全找出一条适合本国同情的道路来。大学生对于媒介素养这一名词既熟悉又陌生，对于媒介素养教育学科的含义也缺乏较为理性的认识。在大学教育中导入媒介素养教育课程，结合各高校的优势力量，是解决大学生媒介素养问题最有效、最科学的方法之一。高校在课程的设置上，可以专门开设实践性课程与多元理论性教育课程相结合的模式。并且，学校还可以通过举办相关讲座、辩论会等活动，以不同形式促使大学生树立正确的新媒体观念。

第三，充分利用大学校园资源，增加媒介认知。调查显示，很大一部分的大学生较少参与到媒介信息的制作与发布中，这无疑给媒介工作蒙上了一层神秘的面纱。传媒作为一种合理存在并蒸蒸日上的事物，它的内容和灵魂在大学生当今的生活中是无孔不入的。大学校园有着各式各样的教育、学习工具。校报、校园广播电台、电视台、校园微博等都是大学生可以接触并参与其中的媒介资源。高校应充分鼓励大学生利用校园媒介资源，如：建立校园校报编辑室，让学生亲自去采集、编辑、制作和发布信息；开设校园微博，建立校园微博管理委员会，让学生参与微博的创造、传播和管理的一系列过程中。

（2）媒介方面。

第一，媒介发挥"把关人"的作用，提高自身的公信力。媒介在信息生产和信息方面应扮演好"把关人"的角色，各式各样的传媒文化给大学生的价值取向会带去强烈的冲击，在很大程度上影响着他们的人生观和价值观。面对大千世界芸芸众生中纷繁复杂的各种信息，媒介往往掌握着这些信息能否发布和传播的选择大权。媒介理应帮助大学生认识社会、积累知识，使每一位大学生在媒介所传递的正确价值导向中耳濡目染地逐步得到提高。因此，新闻工作者就应努力提高理论水平，努力提升自身的采编写基本素质，同时，要坚持正确的舆论导向，以正确的舆论引导大学生，这样才能引导那些辨识能力低的大学生认清真实的信息。最后，媒介从业人员必须具有职业道德，对自己职业行为所产生的社会作用和社会意义承担相应的责任。

第二，媒体和大学校园合作，为大学生提供实践平台。媒介素养教育与媒介实践是双向互动的，大众媒介应与大学校园"联姻"，为大学生提供更多的实践机会。例如：传媒与校园联合发起一次"DV校园新闻制作"大赛，媒介专业人士走进大学为学生提供专业指导，大学生从拍摄—加工—制作全程亲自参与，最后评选出优秀的作品在媒体的某一平台播出，使同学们在获得成就感的同时还能收获到相应的媒介知识。网页制作大赛、校园新闻制作大赛等无疑都可以成为媒介与校园合作的最好形式。与此同时，学校还可以定期邀请知名主持人、经验丰富的编辑人员、记者等走进高校，与学生们进行面对面的交流互动，增加大学生们对于媒介的感性认识，消除大学生对于媒介的陌生感。只有这样才能不让大学生被媒介的形式和内容"牵着鼻子走"，成为媒介的理智消费者而不是单纯地鉴赏、浏览传媒发布的信息或是仅仅热衷于新传媒所带来的新感觉。

（二）搭建系统高校网络平台

1. 打造特色网络品牌

校园网络平台关键性的动态指标在于内容、准确度及更新速度等方面。

目前的高校学生大多是随着网络一起成长起来的，若想利用网络吸引他们的视线，需要具有特别的形式、丰富的内容、急速的更新。因此，高校校园网络平台应该改变原有的形式呆板、内容简单、功能单一、更新迟滞等不足，更好地解决吸引力不足、利用率低等问题。应完善校园网络平台的功能，提高用户参与程度，加快、加深与校园文化的融合，更好地促进高校的发展。针对上述情况，高校新校区在打造特色网络品牌时应更好地利用社会上已较成熟的、影响力较大的媒介。

2. 优化校园门户网站

校园门户网站是每一所高校在网络中展示的绝佳平台，是发布相关信息的固定渠道。在门户网站上可以尝试开辟校园特色专栏，如重庆邮电大学"红岩网校"、河南农业大学的"太行之路网站"等，大多是以本校学科特色为核心，围绕主体用户—学生，将思想政治教育、专业知识、科学技术、就业引导、特色文化等模块组合。设计优良、布局合理、内容新颖的校园网站不仅能提高社会关注度，更重要的是能吸引更多学生关注校园门户网站，积累荣誉感及归属感。打造校园官方微博，官方微博是网络发声的新媒介，高校、企业、政府等纷纷开通了官方微博，在扩大宣传面的同时，能更加快捷地发布信息，发起交流互动。

3. 建立健全管理体制

大学生在社会网络中是最活跃的群体，也是网络互动参与量最大的成员。因而，高校新校区的各部门及院系应提高对网络平台重要性及必要性的认识，加大投入，尽快开发校园网络平台；高校应针对如何引导网络评论、控制网络舆情、监管网络动态，处理网络突发情况等建立专门的技术团队，维护、管理、利用好网络平台。在现有的校园管理制度的基础上，要规范和创新校园网络平台管理机制，通过统一的管理规章制度明确管理者、参与者的义务与责任，规范管理、教育引导学生形成健康积极的网络道德，使校园网络平台的使用秩序井然；建立校园网络平台的各级管理体系，使网络信息的监控、收集、分析、干预等反应机制更为完善，保护校园网络平台的正常运转。

4. 营造校园网络文化，共筑品牌校园文化

高校校园文化因网络的介入而更加丰富、鲜活，同时对高校思想政治及德育工作也提出了新的挑战。打造内容丰富、功能完善、具有开放性的

校园网络平台，可以引导学生健康上网，传播校园主流文化，展现高校的品牌特色。构建好校园网络平台，营造健康和谐的校园网络文化，共筑品牌校园文化既是对网络所带来挑战的有力应对，更能为全校师生提供更加有活力的成长空间。

（三）实现教育、管理、服务一体化发展

1. 各类高校间在人才、科研、资源等方面的竞争异常激烈

从传统的高校竞争方向与排序看，作为实施"985 工程"和"211 工程"的第一方阵的高水平大学为争创世界一流在努力拼搏；作为教学研究型的第二方阵的地方高校为进入国内高水平一流大学的竞争更是空前激烈；其他大学也是加劲发展，提高自己的水平和增强实力，竞争同样激烈。高校即使继续更加努力，差距也很难很快缩短，尤其是沿袭别人的老路，以原有的思维模式、价值尺度和质量标准去发展，更不可能有所作为。因此，高校不能采用单一路径奋起直追，而要用更加开阔的视野，更有效的办法，集中更多样的资源，走多样化、跨越式发展的办学水平提高方式，才能既夯实基础、扎扎实实做好基本功课，又能大胆、前卫改革，建立起新的视域、新的路径，充分运用好灵活激励的机制，发掘组织内部多样化的资源，走超常规发展之路，开展高水平大学的卓越进程。

2. 践行教学管理与学生管理一体化的初步思路

调整机构设置，优化人员配置，完善分工协调。一是撤销学生处，将学生处的部分管理职能划归教务处，教务处设置教学运行管理、学生管理、教学基本建设管理和实验实践教学管理四个方面；二是继续强化二级学院管理职能的重心下移，分管教学的学院领导要协调学生工作，使教学与学生工作有效融合，加强、完善和优化学院办公室职能和人员配置，学院办公室统一负责教学、科研、学工、党务、行政人事工作的日常管理，从而为教学管理和学生管理一体化提供组织保证。

3. 完善和创新一体化管理制度

在现有的教学管理和学生管理各项制度的基础上，根据一体化管理目标要求，优化学校学工部、学生社区、校团委与各学院协调功能，优化各学院教学与学生管理职能，探索建立一个运行有效的教学和学生管理一体化管理模式、管理制度，使学生教育管理"到边到底到位"。比如，可以试

行教学与学生管理联席工作例会制度、任课教师和辅导员交流协作制度、教风与学风建设联动制度等，并计划由教务处牵头，社区、校团委、学生学业信息咨询中心、各学院共同参与，完成教学与学生管理一体化的基本制度框架建设，从而为一体化管理提供制度保障。

4. 加强教学与学生管理一体化的信息建设

教学管理和学生管理统一的信息系统的建成，可以实现信息的集中管理、分散操作、信息共享，使传统的管理向数字化、无纸化、智能化、综合化及多元化的方向发展。为此，高校要一步完善教学管理和学生管理信息系统的建设，以实现教学与学生信息资源共享及信息互动，促进管理的规范化，增强学校和学院两级教学与学生一体化管理协作，使其更好地为学校的育人功能服务。当然，教学与学生管理信息系统涉及面广、功能性强，它的应用在为学校教学与学生一体化管理工作带来高效、便捷的同时，也将对今后的教学与学生一体化管理工作提出全方位的、更高的要求。

（四）学生管理工作制度化与人性化的有机融合

1. 转变观念，牢固树立"以学生为本"的管理理念

理念主导行动。要做好大学生管理工作，最重要的是转变观念，牢固树立服务意识，采取换位思维的方式，从学生的视角去看待问题和解决问题。各项工作必须立足于学生现实发展的需要，围绕调动学生的创造性和积极性而展开，把工作的着力点放到研究学生关注的热点和焦点问题上来，始终以学生的愿望和呼声作为工作的把手，把学生满意不满意作为检验工作的尺度，让个性在制度允许的情况下得到充分自由发挥。要积极构建学生成长成才的管理服务体系，从以强制性教育管理为主的工作格局转变到强化服务、引导和沟通的新格局上来，由传统的"教育管理型"向"教育管理服务型"转变，牢固树立"以学生为本"的管理新理念，使学生管理工作真正抓出成效。

2. 建立科学、规范、完善的学生管理人性化制度

人性化管理是建立在科学合理的制度之上的，离开了合理的规章制度和规范的管理，学校的管理将没有依托，各项工作将成为一盘散沙。规章制度是依法治校的基础。因此，必须建立科学、规范、完善的制度体系，通过制度来充分表达学校对学生的管理态度和要求。问题的关键是制度要

合理科学，符合时代发展要求，既要体现对学生的要求，又要充分信任和尊重学生，同时还要体现学校的管理手段和方式。要以教育为主，处罚为辅，并为进一步促进学生全面发展营造更加宽松的氛围和空间。这就要求学生管理工作者经常开展调查研究，充分了解当代大学生的思想动向，听取他们的合理需求，甚至让他们参与制度的制定，使制度的产生立足于学生的现实需要，制定出公正合理、严格平等的学生管理制度。人性化管理不是放任管理，更不是人情化管理，人性化管理是以严格的制度作为管理依据，是科学规范而具有原则性的，它不是降低规章制度的严肃性和公正性，而是更注重提高管理学生的艺术，改变管理的方法和方式，其最终目的是要教育、培养和发展学生。

3. 建立一支稳定、优秀的学生管理工作队伍

制度化与人性化有机融合的管理模式对管理者提出了较高要求。在学生管理中，每个管理者主观能动性的发挥，都直接影响着工作的质量和效率。因此，做好学生管理工作，就必须建设好辅导员和班主任队伍，不断把德才兼备的年轻干部和优秀毕业生充实到学生管理工作队伍中来。榜样的作用是有效管理的关键。教师作为管理者，要通过自己的行为去影响学生，因此需要教师具有良好的品德及知识素养，处处树立榜样作用，在管理中融入自身的人格魅力；在工作中还应注重学习，不断提高自己的理论水平和业务能力以及正确的决策能力；重视学生在管理中的重要作用，尊重学生，把他们视为自己的朋友，及时发现和表扬他们的优点，以个别提醒的方式指出不足之处，少当众批评，多用鼓励、启发、商量的方式，尽量避免使用命令语气；用公平、公正的心态对待学生，做到对学习好的学生从精神和物质上给予奖励，对出现差错或违反规章制度的学生，给予严肃的批评处理并帮助其寻找原因；在工作中应时刻保持谦虚的作风，善于多方听取学生的意见，修正工作上的不足和偏差。另外，还可采取听报告或讲座，出去调研或进修等多种形式，加大对学生管理工作者的培训力度，使之真正成为一支理论知识扎实、业务能力强、管理经验丰富的优秀队伍。

4. 注重提高学生自我教育、自我管理的能力

自我教育能力是指学生自觉主动地把社会要求的思想道德规范在内心加以理解，并通过实践转化为比较稳定的自觉行为的能力。当代大学生参与意识较强，他们乐于对自身的生活、学习进行决策和控制，因此，有效

调动学生的主观能动性，激发学生的参与意识，建立和实行学生工作以管理者为指导、以学生自身为中心的服务型管理模式，充分发挥学生在管理工作中的主体性作用。要善于多角度引导学生，采用多种形式，鼓励学生参与管理，培养他们的自律能力，尊重他们的民主权利，唤起他们强烈的责任感，做到把外部的制度管理与学生内部的自我教育有机地结合起来。学生参与管理的形式是多种多样的，如组织学生成立自律会，检查、督导学校各项规章制度的执行情况，引导学生在管理过程中进行自我反思和自我教育，树立自律、自强意识，帮助学生完成从"他律"到"自律"的转变；让学生参与伙食管理委员会、宿舍管理委员会或担任班主任助理等工作，组织开展各项文明评比活动，学生有权对关系根本利益的大事向学校提出建议；放手让学生会、团委以及相关社团组织开展各项活动，体现学生的主人翁地位。在这种管理模式中，学生具有双重身份，既是管理者，又是被管理者；既学会知识又学会做人，学生的责任感和自我管理能力得到提高。

四、"互联网＋"时代大学生管理工作的创新

（一）增强学生网络法制意识，加大网络文明建设力度

当前，我国关于网络的相关法律法规并不完善，高校对大学生网络法制意识与网络文明的宣传教育力度不足，加上对大学生的网络行为缺乏正确、有效的引导，导致大学生普遍的网络法制与网络文明意识不强，从而造成大学生网络行为规范的缺失。高校作为大学生网络法制与文明建设的主要场所，并未有效占领网络法制文明系统建设的前沿阵地，未能形成良好的校园网络文化氛围。

针对这一现象，首先，国家要根据网络发展的新情况和新问题，及时制定和出台一系列能适应网络环境快速发展的新法律法规，不断提高打击网络犯罪与网络不文明行为的能力。大学生管理人员要加大对学生开展网络普法教育、网络安全教育和文明上网教育的力度，积极引导学生以遵纪守法为荣，对有关网络法律问题进行主动思考，如利用社会上的一些典型案例教育学生触犯网络法律所应承担的法律责任，以示警醒；同时，可在学校相关网站、微信公众号或自媒体平台上开辟寓教于乐的法制教育网页，设立在线互动答疑等栏目，发动学生积极参与对网络违法现象与不文明行为的深入探讨，在潜移默化中提升大学生的网络法制与网络文明意识。其

次，必须坚持他律与自律有机结合，倡导在学生群体中形成互相监督，合法文明使用网络的氛围。杜绝学生对网络违法与不文明行为的互相包庇与谅解，使学生分散的网络文明行为凝聚成有组织的共建网络文明的行动。在这一过程中，应充分发挥学生党员的模范带头作用，培养一支政治立场坚定、作风正派、网络技术过硬的学生党员队伍，充当网络文明使者，利用他们来自学生当中便于与学生沟通、易于被学生接受认可的优势，引导好大学生的主流价值观，使他们肩负起宣传网络法律法规、倡导网络文明的重任。

（二）开拓网上思想政治教育阵地，加强对学生网络民意的疏导

网络具有开放性，它完全打破了原有国家、社会之间的限制，将世界各国都紧密联系起来，不同意识形态之间的思想碰撞和文化冲突达到前所未有的程度。一些别有用心的西方国家借此机会通过网络平台对我国进行意识形态的渗透，大肆宣扬西方的文化理念、政治制度等，散布影响社会稳定的言论和信息，以此来削弱我们对马列主义等主流思潮的信仰，淡化我们的民族意识。部分思想和三观尚未成熟的大学生在如此强烈的多元文化碰撞下逐渐迷失了自我，对原有的主流理想信念产生怀疑，造成他们政治观念的淡漠、价值观念的偏离，出现极端个人主义、拜金主义等问题。

作为大学生管理人员，必须抢占网络高地，通过网络平台创建"红色网站"，在校园网上建立理论专区，构建思想政治教育阵地。一方面，大学生管理人员应高度重视大学生网络民意的表现，密切掌握大学生的思想动态，对于大学生所关注的热点、难点问题在网上给予及时的回应，做好疏导工作。我们应该想办法深入到学生喜欢参与交流和讨论的网上社区、网站和聊天室等，积极与学生互动交流，及时了解大学生的网络情绪。特别是针对一些学生关注的重大政治、意识形态等敏感问题要及时在网上进行旗帜鲜明的正面引导，在引导过程中要注意坚持柔和的交流态度，言之有理，言辞恳切，力求把一些尖锐的矛盾化解在萌芽状态。同时，要尽可能团结好网络中的骨干活跃人员，在网上敏感话题的争论中，网络上的骨干活跃人员的行为对普通网民有巨大的影响力，要积极发挥他们的正面影响力，教育和带动更多的网友理性、成熟地思考问题。另一方面，要建立网络舆论突发事件应急机制。突发事件发生后，通过网络广泛、迅速、覆盖面大的信息平台将真实情况直接发送给每一位同学，提高组织传播的效率，

减少信息在多层传输过程中的人为减损，防止学生被不实信息误导煽动而引发更大的混乱。

（三）充分利用网络资源，加强对学生的服务工作

在现阶段的实践中，网络技术与资源在大学生管理工作中的应用还处于初始阶段，很多都是停留在"面子工程"的形式上，没有落到实处。要切实在网络上开展学生管理工作，必须坚持管理与服务相结合的原则。一方面要加大校园网络的信息量，在校园网络平台上，除了能查询到学校的各种方针政策、规章制度和通知等常规信息外，还应包含各种大学生常用的学术、生活社交网络资源，努力把校园网络建设成为一个便于大学生学习、生活的综合性平台。另一方面，多拓展针对学生的网上服务空间，如开展网上心理咨询、网上就业信息咨询、勤工俭学信息、网上社团活动等，努力利用网络自身具备的优势特征来消除某些管理工作或服务在现实操作中的局限性，开创高校学生工作的新局面。如大部分心理有问题的学生都不太善于交流和沟通，而网络可以为了解学生心理动态和进行心理咨询提供一个全新的平台。通过网上心理咨询服务，可以消除面对面的尴尬，避免现实交流带来的障碍，可以慢慢地深入问题学生的心理，使其敞开心扉地宣泄内心的情绪问题，从而使教育管理者可以对症下药，准确地引导学生的行为，为更顺利地开展学生心理工作提供良好条件。

（四）建立一支具有网络时代意识与过硬网络技能的学工队伍

大学生管理面临的环境发生了变化，网络信息技术的快速发展向传统的大学生管理理念与方式提出了新的要求，这是新时期大学生管理工作必须正视的现实环境。学生管理人员要想有足够的能力应付在新的教育管理环境中出现的新问题，必须强化自身的信息素质，提高现代网络技术应用的能力，才能充分利用网络资源优势，拓宽大学生管理工作的空间，增强学生管理工作的针对性和实效性。

作为大学生管理者，要抢占网络高地，建立属于自己的网络构架。注意网络社团、BBS 社区、微博、QQ、个人飞信等网络媒介在工作中的运用，努力实现班级管理网络化，提高工作效率，使大学生表达的意见更有机会直接接近管理中心，从而改变以往信息不畅，具体管理工作、措施与现实脱节的被动局面，增强学生管理工作的针对性和科学性。此外，基于传统

的教育理念，学生对老师都既敬又畏，在老师的面前难以敞开心扉，真实地表达自己的所思所想。而网络隐秘性与虚拟性的特征使网络交流少了现实中面对面交流的尴尬和顾忌，现在大部分学生都热衷于通过网络平台来表达自我，很多时候都会把自身的心情、心态或者对事件的观点即时通过网络来宣泄。这样的情况导致管理者对学生的思想难掌握、问题难发现，久而久之师生关系也由此而渐行渐远。多关注学生在网络上发表的信息，可以及时掌握学生的思想动态，从而对症下药，将一些不良的思想遏制于萌芽状态。

（五）注重"网上管理"与"网下管理"的结合

作为一个大学生管理工作人员，无论信息技术发展如何迅猛，网络技术与大学生管理工作结合得如何紧密，我们必须明确：学生管理工作不是在做"虚拟世界"的工作，而是在做"虚拟世界"背后的学生主体的工作。利用网络平台开展大学生管理工作要做到网上管理和网下管理相结合，做到以情感人，以理服人。同时，加强校园现实的软件和硬件建设，增强现实空间对学生的吸引力。很多大学生沉迷于网络的虚拟空间，主要也是由于在现实世界中，他们的很多想法和诉求都得不到满足，只能在虚拟世界里寻求慰藉。为改变这一局面，学校要多开展受学生欢迎，易于学生接受的校园文体活动，尽可能使所有学生的心理诉求能在现实中得以满足，让他们有平台与机会能各尽其能，从而增强现实校园对学生的吸引力，增强学生的幸福体验。

综上所述，随着信息时代的到来，在人们生活或学习的各个领域当中都能看到互联网的影子，在各个层面和领域当中都有所渗透。互联网用其多种功能不断地丰富着人们的生活和阅历，将各种思想和信息有效地进行传播。因此学校在学生的思想教育和管理工作中必将发挥着不可代替的作用。

第二节　大数据时代大学生管理工作创新研究

大数据作为信息技术的发展趋势，在当前社会中起到了重要作用。对于大学生管理来说，大数据的作用显而易见，对其未来发展将会起到非常有利的作用。在这种影响下，我国大学生管理工作在未来几年要引入大数据,利用大数据对学生进行针对性地管理,提高大学生管理工作的实效性。

一、大数据的概念及应用

大数据是当前信息科技发展的一个热点,对于我国社会建设来说将会发挥巨大的作用。从本质上看,大数据是信息的挖掘,目标是要发现大量信息背后隐藏的规律,将之作用于社会各项事业之中,推动其向前继续发展。

(一)大数据的定义

大数据是由最先经历信息爆炸的学科,如天文学和基因学创造出来的。如今这个概念已经应用到了几乎所有人类致力于发展的领域中。大数据经过这么多年的发展并没有一个确切的定义,只是指需要从大量的信息中经过处理发现出一种规律,能够用来指导人们的生活与学习。大数据这个属于最早在一个开源项目中展开应用,目的是为了表示网络搜索引起的批量处理和分析数据。

在公开发布 Map Reduce 和 Google File System(GFS)之后,谷歌公司就向外界明确大数据不仅是一个量的概念,还是一个效率的概念。在当前的通信分析领域,大数据是一项较为前沿的技术,其概念包含有数据仓库、数据分析、数据安全、数据挖掘等。大数据的商业价值已经成为信息行业竞争的焦点。大数据包括各类互联网信息,人们的各项互联网活动都可以成为大数据分析的一个对象。另外,交通工具、生产设备、工业器材等传感器传播的各类数据也会成为大数据的研究对象。人们通过海量的数据,随时随地进行测量,不间断地对信息数据的进行分析。利用新的处理模式,大数据具有更强的决策力和洞察力,实现流程的优化和数据的匹狼处理。总之,大数据技术是通过对海量数据进行统计分析处理,从中获取人们行为活动规律的各类信息。大数据的价值在于快速处理各类数据,因为只有快速才能产生实际效用。

随着网络设备的快速发展,大数据技术能够实现多个企业跨行业融合,创造出难以想象的经济价值,实现最大程度的社会效益。利用大数据各行各业都可以实现自身业务的较大程度增值和效益,表现出前所未有的社会能力,而并非仅仅是数据本身。所以,大数据可以定义为在合理时间内采集大规模数据,经过处理以后帮助大量使用者采取更为有效决策的数据分析处理过程。

今天的大数据技术已经成为人们创造价值的又一个新工具。大数据已经成为人们获得新知识、创造新价值的一个重要源泉，还为人们改变各种关系服务提供了帮助。大数据作为信息技术的发展趋势，在当前社会中起到了重要作用。对于高校思想政治教育来说，大数据的作用显而易见，对其未来发展将会起到非常有利的作用。在这种影响下，我国高校思想政治教育工作在未来几年要引入大数据，利用大数据对学生进行针对性地教育，提高高校思想政治教育工作的实效性。

（二）大数据在教育领域的应用

在教育领域，大数据的价值可以从整体上划分为宏观和微观两个方面。在宏观上，大数据能够帮助教育管理部门作出适宜于整个地区或者全国的教育决策。通过将地区的教育数据整合在一起，大数据可以发现这些教育数据隐藏的规律，从而制定有针对性的教育政策，或是运用这个规律，或是对这个规律进行矫正，已达到教育活动的目的。

在微观中，大数据能够帮助教育机构实现个性化教育。通过对教育对象行为数据的整合与具体分析，教育机构能够发现教育对象背后的行为规律。举一个简单的例子，当前留守儿童是一个特殊的教育对象，在之前的教育活动中并没有可以借鉴的案例。对于这类儿童，教育者必须进行针对性的研究，才能有效提高他们的教育效果。在一般的实证研究和发现研究中，教育者都习惯从以前的教育理论中寻找到一个假设，从这个假设出发进行有针对性的研究。然而，对于这类群体来说，却是不合适的。之前的教育理论都是建立在儿童有父母教育的前提下，而留守儿童却是在这个方面缺失的。留守儿童没有有效的父辈群体可以模仿，其心理活动或者社会活动必然会出现与之前儿童不同的情景。教育者基于之前假设的实证研究和发现研究必然会存在失误。在这种环境下，只有大数据这种技术才能做出针对留守儿童的发现研究。大数据这种技术并不需要特殊的假设，而是收集留守儿童的所有数据，包括留守儿童睡觉、吃饭、游戏等。任何一个方面的数据对于大数据来说都是有价值的。这些方面的数据集合起来能够揭示留守儿童在心理上的活动规律，从而反映出留守儿童教育规律，提醒教育者针对性的做出教育管理活动。

（三）大数据在大学生管理中的应用

大学生管理工作的主要任务是整合各类学习资源，拓展学生的学习能力，提高学生学习效率，促进综合素质提高，帮助学生排除学习、生活及成长历程中遇到的烦恼和心理障碍，提高学生心理健康水平，顺利适应并度过美好的大学生活。在教育管理过程中，高校出于自身管理方便和成本的节约而忽视学生正当权益的事情时有发生；部分教职员工的服务意识淡薄，服务能力和水平较低，把较多的精力和时间投入到科研中，对学生缺乏应有的关爱和引导；再者由于学生教育管理工作面广量大，与学生利益相关的管理部门众多，因此在解决学生实际问题过程中，出于部门利益的考虑，部门之间经常相互推拖管理效率低下。因此，高校应积极构建和完善大学生成长成才的服务机制，完善与学生利益的相关政策规章的制定和实施程序，明确和提高教育管理组织的服务职能，培养和提高广大教职员工的服务意识，帮助解决学生在个体发展阶段必然或者可能面临的实际困难，为学生的成长成才创造条件和平台。

对于学生认识的匮乏，在高新技术飞速发展的情况下有了改善的契机。如何能够利用这一技术在大学生管理工作中发挥优势与效益，形成高校用数据做教育决策的意识，成为当前的研究重点，而建立一站式数据资源服务平台在大学生管理工作中起着关键作用。

大数据时代下，数据资源是海量的，理论上一个学校可以收集学生所有的数据资源，如学生个人信息、特长爱好、性格特征、甚至包括社交、日志信息等各种网络资源等。高校可以充分利用机构优势有组织地通过对各类数据源的定位和连接，实现数据的采集、传输和汇聚。由于数据资源具有体量巨大、类型繁多、生成快速、混乱无规则等特点，而且，这些数据来源于不同的机构或部门，因此很有必要建立统一的数据标准，以提供资源之间的无缝链接，提供各种数据管理服务，例如数据存储、数据加工、数据发布，数据共享等。在数据的洪流中，异构、分布和海量的各种数据资源得以汇聚及融合，形成中心资源库，通过预索引的方式，为用户提供快速、简单、易用的资源发现及获取服务。建立一站式数据资源服务平台，在促进大学生心理健康，助力学生多元化评价，关怀大学生生活。

二、大数据时代大学生管理工作的创新

（一）利用大数据促进大学生心理健康

大学生心理健康管理不应仅是补救性的，而应该向排除正常障碍，帮助学生实现最佳发展为宗旨的发展性模式而努力。当代中国正处于社会转

型期，由于经济体制、政治体制、文化体制等的变革，必然带来人们价值观念的变革与冲突，并深刻地影响着人们的社会生活。大学生在这样的时代中理性面对人生的挫折并保持健康的心理状态，并非易事。学习压力、就业压力、感情变化、社会环境、家庭环境等诸多因素，都容易导致大学生心态失衡、萎靡不振等心理问题。作为包括高校在内的社会各方，尤其是大学生管理工作者，可以利用大数据的优势，实时监测大学生心理情感动态，通过一站式数据资源服务平台，构建健全的心理救助网络，为可能发生的紧急事件提供预案。及时对心理不健康者予以适当的干预和救助，减少由于心理矛盾或心理冲突引发的适应不良，预防和缓解心理问题，从而达到利用大数据促进大学生心理健康的目标。

（二）利用大数据助力多元化评价

在奖学金、优团优干和优秀毕业生等评优评选中，可以借助大数据技术对学生进行多元化评价。大数据时代的到来，让所有社会科学领域能够借由前沿技术的发展从宏观群体面向微观个体，让跟踪、记录、处理与分析每一个人的数据成为可能，保障了对学生的多元化评价。通过对于学生在校园中点滴微观行为的捕捉，学生的上课出勤情况、发言质量、作业完成情况、课堂互动情况、社团活动、课外竞赛参与情况等信息都可以转化为数据，帮助我们了解学生的学习态度、探索精神、实践能力、人际关系、情感与意志等。

高校学生多元化评价研究是时代发展对高校教育提出的要求，是高校在新形势下获得持续发展的自身需要。多元化评价要求我们在学生评优评选中不再依靠有限的智力测验，而是更多地关注学生的内在，借此能够正确的引导和挖掘学生潜能，改进教学的形式和环节，努力培养学生的多种智能，使学生能够更好地适应现代社会发展对多元化人才的需求，提升高校办学能力与水平。

（三）利用大数据关怀大学生生活

大数据技术让大学生管理工作部门关怀贫困大学生生活更加及时、更具人性化。各高校应在构建起科学合理的贫困生认定机制的基础上，全面收集贫困学生的信息，建立健全贫困生资助信息数据库，并对数据库中的各项信息不断更新完善，以便动态管理贫困生，实现按需资助困。通过对学生就餐、日常消费等数据的实时监测以及处理，可以帮助贫困大学生及时获得人性化帮助。在不远的将来，高校利用大数据，借助一站式数据资源平台，深度整合学生相关信息，如饭卡消费、勤工俭学、社会兼职、学习成绩、奖助情况等各类信息，更准确地覆盖到需要资助的学生。

此外，大数据还能够让我们更加了解学生课外学习的轨迹。利用大数据技术，如采用移动终端，记录学生参与的社团活动、班级活动、学习活动等，通过后台数据库统计一个学校、一个区域的整体情况，获得有价值的数据报告，从而可以针对性地帮助学校和家长给出建议和对策，指导学生成长。

（四）利用大数据指导学生个性化就业

利用大数据技术，通过收集学生成绩、兴趣、爱好、技能等相关信息，不仅可以为其匹配相应的职业岗位、提高大学生就业率，而且能够提升大学生就业质量，实现高校毕业生更加完善和更高质量的就业。

个性化就业指导贯穿以人为本的原则，针对学生的实际情况、多样化的个性特点，引导其了解自己的职业兴趣、职业发展方向，帮助其制定符合自身特点与期待的职业生涯规划，并提供就业咨询、政策咨询、技术咨询等多方面的服务，帮助学生了解就业前景、就业形势、就业方法与技巧，从而使学生顺利地、高质量地就业。互联网公司 Intern Match，一方面为企业提供校园招聘品牌宣传，展示公司视频、企业文化、问答互动等；另一方面收集和积累学生的信息，包括成绩、兴趣、能力、经历等，为其提供可能适合他们的岗位。依托大数据技术，随着一站式数据资源平台的建立，高校与企业的服务将进一步完善，大学生可以快捷、公平地享受个性化就业服务，未来将具有很好的发展前景。

三、大数据应用在学生管理工作中的问题及解决策略

与不少发达国家已经把大数据的开发应用提高到国家战略高度，我国的大数据管理还处于发展状态。当前大数据应用在大学生管理中面临的主要问题包括四个方面：一是偏重经验、轻视数据的思维惯性，使得我们在数据收集、使用和管理上不太灵敏。二是大数据人才缺乏，既精通大数据技术又熟悉大学生管理工作相关事务与流程的专家稀缺。三是高校在大数据技术研发以及科研成果的推广上没有充分发挥自身作用。四是敏感信息的保护工作尚

未得到高校相关部门的普遍关注。在数据量庞大、种类繁多、信息多样化的大数据时代背景下，高校教学服务和数据利用方式将发生显著变化，如何准确把握大数据时代特点，有效发挥大数据优势已成为当务之急。

（一）转变思维，重视大数据体系建设

对于任何机构来说，数据整合都是艰巨的工作，对于高校也是如此。高校需要变革才能将大数据中得出的观点转化为在同类院校中的竞争优势。在这种情况下，高校相关部门的决策者和领导者要有远见卓识，转变思维，从战略上重视大数据。建议加大对大数据的宣传力度，明确大数据的重点应用对象，加快面向大数据应用技术的研究，推动基于大数据应用的技术研发，培养大数据应用与管理的专业人才，建立并完善大数据保障体系。

（二）培养人才，组建专业化队伍

可以预测，在未来几年，资深数据分析人才短缺问题将越来越突显，大数据正面临全球性的人才荒。大数据人才需要理解大数据技术，能够解读大数据分析的结论，深入了解高校各个部门之间的关联性，并且能够根据大数据得到的结论，制定出可具体执行、管控、评价的相关环节。这些新的挑战与需求，催生高校要系统性的培养大数据专门人才，组建专业化大数据应用与管理队伍。

（三）校企合作，加快大数据技术研发

大数据对基于其生态圈中的企业提出了更多的合作要求。校企合作能够加强优势互补，实现互惠共赢。高校要积极创造条件，充分发挥人才、技术集中的优势，与企业技术人员联合成立研发中心及科研生产联合体等，进行新产品开发、设计以及科研成果的推广合作，推动基于大数据的应用技术研发，抢占发展基于大数据的应用技术的先机。通过校企合作，从而能够促使高校深化教育教学改革，提高人才培养质量，增强学生的就业竞争力，促进高校与合作企业的共同发展。

（四）保护隐私，加强对敏感数据的监管

大量数据的汇集增大了敏感数据暴露的可能性，对数据的无序使用也增加了要害信息泄露的危险。高校中的大数据来源涵盖非常广阔的范围，

例如学生家庭情况、兴趣爱好、社交网络、学习情况、团体活动、行动轨迹等，大量数据的聚集不可避免的加大了学生隐私泄露的风险。一些敏感数据的所有权和使用权并没有明确的界定，很多基于大数据的分析都未考虑到其中涉及到的学生的隐私问题。因此，高校要加强内部管理，规范大数据的使用方法和流程，加强对重点领域数据库的日常监管。

大数据技术的应用，使得高校可以对其数据资源采取完全数据筛选的方式来分析、挖掘隐藏在数据背后的规律，从而能够让我们更真实、更全面地了解学生，促进学生的发展。然而，由于当前人们对大数据的认识尚处于探索阶段，大数据在教育领域的研究才刚刚开始，而且大数据提供的也只是参考答案而非最终答案。因此，要真正的将大数据完美地应用于教育，造福于教育，仍然有很长的路要走，但是只要我们能够开放心态、锐意创新、实事求是，就一定能抓住历史机遇，更好地为打造中国经济升级提供坚强有力的人才支撑和智力支持。

第三节　"微时代"背景下学生管理工作创新研究

随着"自媒体社交网络时代"的到来，高校学生的学习、生活无时不受以微信、微博、微小说、微电影为传播载体的网络媒介的影响。微媒体的流行，挑战着高校现有的日常管理、教学管理和思想政治教育，这必然要求高校要正视、重视、研究微博等微媒体。应对新形势，大学生管理工作理应与时俱进、因势利导，出台新举措来适应"微时代"，管理思想上也要紧随潮流，以"被动防御不如主动出击""用点赞代替传统的表扬，把晒情况代替告知家长"等新的学生管理思想来带动学生管理工作向"微"方向转变。

一、"微时代"对大学生管理工作的影响

"微时代"冲击着学生管理工作的方方面面，对团学、就业、宿舍管理、心理健康等工作都产生了广泛的影响。

微媒体是团学工作的重要宣传阵地。共青团中央自 2013 年起，已在新浪网、腾讯网等 4 家网站同步开通微博，并同时在腾讯网推出微信公众号，截至目前，共青团中央的新浪官方微博粉丝数已达到 1778.2 万。庞大的粉

丝数量，实现了团中央信息与普通团员的零距离分享。按照团中央新媒体工作要求，各级团组织也纷纷建立了自己的微媒体平台，共青团员通过"微"平台可以及时了解党团信息。

微媒体平台是高职毕业生的重要就业信息源。高校毕业生了解就业信息的传统渠道主要依托双选会或网站发布，如今自媒体社交网络的兴起对职业素质教育、就业信息发布和大学生创业都产生了深刻的影响。通过关注就业创业类微博或公众微信号，阅读、浏览职业素质方面的微话题和论述，大学生的职业生涯规划和择业观都直接或间接受到影响。

"微时代"改变着大学生的宿舍生活。Android，IOS 等智能手机系统的发展使许多互联网内容都可以通过 APP 手机客户端获取大众流量。大学生的宿舍生活节奏也因为微媒体的便捷而产生了深刻变化，手机充值、超市购物、一日三餐、人际交流等都可以通过手机客户端来直接实现，大学生足不出"舍"就能正常进行课余的主要生活；通过手机上的微博、微信（朋友圈和公众平台）和 QQ 等客户端就能了解班级、院系、学校以及社会上发生的新鲜事。

对"微时代"的不适应会引发大学生的不良心理。部分大学生不能适应"微时代"，容易被微媒体所带来的爆炸性、新鲜性信息量迷惑，而对课堂知识渐渐失去了兴趣，甚至产生厌学心理。有的大学生沉溺于社交网络，因而导致作息时间不规律，直接影响学生的身心健康，还容易因为宿舍成员的作息不一致而引起宿舍矛盾。

二、"微时代"背景下大学生管理工作存在的不足

面对"微时代"的影响，高校越来越重视"微工具"的管理和使用，但是如何最大限度地发挥微媒体在学生管理工作中的正面作用，仍有很大空间值得去探索和实践。

学生管理层级需进一步扁平化。微媒体的便捷性和及时性，可以帮助高校团干部和辅导员扩大管理幅度，减少管理层次，扁平状的组织形式有利于促进老师和普通同学之间的交流和沟通。当前高校的学生管理层级需进一步向扁平化方向发展。

"微"载体资源需进一步挖掘。传统宣传手段已经不能满足学生管理工作需要。高校拥有丰富的大学生先进典型案例，高校可以将社会主义核心价值观融入在这些先进案例中，用学生喜爱的网络语言呈现在微博、微

信公众平台、微电影等"微"载体中。

"微"队伍建设需进一步加强。高校的学生管理工作人员和主要学生干部，需要系统性地学习微博、微信等"微"工具的使用，了解"微"语言，只有管理队伍具备"微"素质了，才有可能真正发挥微媒体的正面引导作用。

三、"微时代"背景下大学生管理工作的创新

"微时代"给大学生管理工作带来了挑战和机遇，创新学生管理工作机制势在必行。在"微时代"背景下，大学生管理工作的创新路径主要可从以下几个方面着手。

（一）建立一个"微"体系

"微时代"的广泛影响，导致高校的每个教育管理者和每个大学生都是一个"自媒体"，每个"自媒体"又不是孤立的，而是其社交网络的一部分。按照学生管理工作内容，在团学工作、心理健康工作等方面，可分别建立以下四级"微"网络体系（主要指微博、微信"学生—班级团支部—二级学院团委—校团委""学生—班级心理委员—心理辅导员—校心理健康中心""学生—班长—就业辅导员—校就业中心""学生—班长—宿舍辅导员—校公寓管理科"。这些"微"体系主要有以下三个方面的作用。

1. 有利于"上情下达，下情上传"

学校通过关注班级和学生微博、微信，可以了解和掌控学生动态，学生通过关注学校官方微博、微信，可以第一时间了解学校的各方面工作动态。

2. 有利于学校在第一时间处理突发事件

学生发生交通事故、兼职纠纷和宿舍矛盾等突发事件时，往往都会"晒"在自媒体平台上，由于自媒体平台的瞬时性和互动性，学校可在第一时间获知突发事件情况，防止延误事件的处理。

3. 有利于促进师生情感交流

当代大学生有相当部分时间花在自媒体中，师生面对面交流的情况随之锐减，取而代之的往往是微博、抖音"互粉"、微信交谈或 QQ 聊天，通过"微"体系，师生之间不仅加强了工作关系，也增进了师生感情。

（二）壮大两支"微"力

"微"体系的影响力需要人来推动，大学生管理工作的"微"影响需要壮大以下两支"微"力量：教师队伍和学生干部队伍。教师队伍主要包括学校宣传部、学生处、团委工作人员和辅导员、班主任以及专业老师，这些教师要维护好部门或个人的"自媒体"，传递正能量，引导大学生树立正确的人生观、价值观和世界观。学生干部队伍除了学生会、社团联合会等学生组织的学生干部之外，学生管理工作者还应组建一支政治强、作风硬、纪律严的网络宣传员队伍，定期研判网络舆情，积极转发、传播学校官方信息，从而扩大网络思想政治教育覆盖面，加强在网络上的思想引导作用。

（三）打造三种"微"素材

"微"体系的成功运作，需要学生喜闻乐见的"微"素材来丰富和充实。大学生管理工作常用的"微"素材主要有：微电影、微故事和微话题。把发生在校园内的富有正能量的学生典型故事，拍摄成一部部具有感染力和教育意义的微电影，编辑为一个个短小而富有哲理的"微故事"；把体现"爱国、敬业、诚信、友善"这一公民个人层面的社会主义核心价值观的学生案例，编辑成一个个"微话题"，通过"微"体系投放到学校官方微博、微信平台中去，让学生在观看或阅读后产生思想上的共鸣，达到思想政治教育的目的。学生管理工作者要组建一个由学生干部组成的"微"团队，专门从事"微"素材的制作，以满足"微时代"的发展要求。

综上所述"微时代"背景下，大学生管理工作需要在实践中不断总结经验和不足，创新工作方法，切实把"自媒体"有利的一面融入到日常工作中去，增进工作实效，把"微工具"变为培养高素质技能型人才的有力助手。

第四节　教育大众化背景下学生管理工作创新研究

随着我国高等教育进入大众化发展阶段，大学生管理工作正面临着巨大的机遇和挑战，高等教育的大众化使原有的学生管理工作体制难以适应新形势的需要，必须用新的思路加以改革与创新。

一、高等教育大众化的特点

（一）高等教育大众化是对传统精英教育的扬弃

传统精英教育主张高等教育是精英的特权，而精英是由先天决定的，或是由于天资突出，或是家庭的经济状况比较优越，或是家庭地位较高。传统的精英教育不仅主张接受高等教育是精英子弟的特权，而且主张高等教育就是为培养精英而设的，是培养教会的牧师、文化巨匠、科学家和国家官员的教育。

1. 传统高等教育所面临的挑战

数百年来高等教育的职能、结构、内容发生了许多变化，每次变化都与社会的政治、经济变化有关。但是，高等教育从来没有像今天这样受到各方面的挑战。一方面，高等教育面临着科学技术加速发展的挑战。20 世纪，特别是第二次世界大战后的半个世纪，科学技术的发展是惊人的，而且科学技术转化为生产力的速度也是惊人的。经历了五次伟大的革命，基本上是每十年一次。这种惊人的发展速度要求高等教育不仅内容要更新，而且要求培养目标、培养方式都要有根本的改变，才能培养出符合时代要求、跟上科技发展步伐的人才。但是高等教育的改革却又是十分迟缓的，现在高校的教学与 50 年前的状况没有实质性改变，很显然科学技术发展的迅速与高等教育改革的迟缓形成了尖锐的矛盾。另一方面，高等教育面临着社会变革和文化冲突的挑战。科学技术在社会各领域的应用，引起了社会的变革。科学技术的发展，在促进社会生产力提高的同时，也带来了资源的浪费、环境的污染、生态的破坏等一系列社会问题。随着我国经济和社会的不断发展，改革的不断深化，当前正处在大转型、大发展、大分化的关键时期，人口与资源矛盾最为激烈，经济失调，社会失序，心理失衡，社会伦理需要重构。可见，我国现在既是经济社会发展的黄金机遇期，也是各种矛盾的突现期。同时，高等教育面临着两种文化冲突的挑战。一种文化冲突是我国传统与现代的冲突。我国悠久的历史孕育着优秀的文化传统。但是传统文化毕竟是旧时代的产物，其中有精华，也有糟粕。精华的部分能够激发人们奋发图强，促进现代化的建设，但糟粕的部分则可能阻碍现代化的进程。另一种文化冲突是中西文化的冲突。我国在引进西方科学技术的同时也带来了一些西方的文化，有些是腐朽的，有些在西方是可行的，但不符合我国国情，我们则要对其加以鉴别。

2. 高等教育大众化是教育发展的规律所致

高等教育不是供人们仰望的圣物，而是供人们生活使用的有效策略，它的发展过程是从目标到工具的过程，与人类进化的过程正好相逆。高等教育开始从祭坛上走下来，开始它服务经济社会，服务人的全面发展的新旅程。可见，高等教育从祭坛上走下来的过程，是人类自身价值升腾的过程，是从精英的培养向大众化前进的过程。在这个选择实践中，人类认识到高等教育离不开大众，只有在大众的参与下，高等教育才能变成人类认识世界、改造世界最有效的工具，才能成为人类普遍享受的福利，成为人类精神普遍上升的阶梯。正是在人类这种不断上升动力的驱使下，高等教育才从泛泛的一般化形式变成生动的具体的形式，从一个在很大程度上只具有装饰品意义的外在的东西变成人类心灵自我改造和实践的东西，从一个只适合极少数精英的东西变成一个普遍的东西，一个为大众所共享的东西，变成生动具体的适合每一个人的东西，人的个性进而得到展现，潜能得到发挥。

（二）个性张扬是高等教育大众化的显著特点

真正意义上的高等教育大众化，是在物质条件高度发达，高等教育的体系高度完善，社会形成以尊重个性为核心的价值观念，个性的发展得到充分的张扬。

1. 多样化是高等教育大众化的必由之路

高等教育大众化是社会发展的必然趋势，而高等教育多样化是实现大众化的必经之路。多样化的必然性在于：一是社会需求的多样化，社会上的行业千千万万，对各类人才的规格、层次、要求也是千千万万的，同一模式下的人才不可能满足社会多样化的需求。二是人的个性、智力、需求、追求的目标以及愿意付出的代价是不尽相同的，只有多样化的高等教育才能满足更多人的不同的学习需求。三是国家的财力有限，只有多样化的高等教育、多渠道集资，才能实现大众化。

从国际上来看，高等教育大众化的过程与高等教育多样化的过程也是紧紧联系在一起的。高等教育发展阶段随着高等教育规模的扩展，高等教育必然发生质的变化。高等教育大众化对多数人来说，是扩大了入学机会，而高等教育的多样化则是用尽可能多的方法提供适合人们需要的高等教育。

2. 个性张扬是高等教育大众化的最高形式

高等教育大众化的基本主旨是给个性平等发展的机会。与精英教育维护特殊利益的旨趣相对，大众高等教育价值观的核心是普遍性尊重个性，并把个性的充分实现作为高等教育体系的内在追求。在精英教育的时代，个性的价值一直处于被掩蔽的状态，它受到物质条件的限制，受到纯知识的、国家利益至上的以及物质实效的价值的掩蔽。高等教育活动的根本目的是使人获得精神自由，其活动的本质是精神的，而非物质的，即追求物质需求的满足是推动高等教育发达的条件，追求精神上的满足才是其根本的目的。探索和获取知识是高等教育的重要任务，但这只是人类活动的手段，而非根本目的。高等教育目的的实现需要一种有效的社会制度保障，这种制度是在一种社会普遍承认的价值观引导下进行的，而这种价值观又是文化能够存在的关键，高等教育活动的根本目的是使人获得精神自由、个性化的高等教育，是以学生的最大受益为目标，以适合学生最大的发展为目标，以学生最后成为社会上独立自主的人格和自我发展能力为目标。它打破了高等教育原有的统一格局，理顺学术、行政权力和市场的关系，鼓励学生进行自主选择，形成学生的个性特征，为学生的发展提供机会。只有物质基础高度发达，大众才有机会接受高等教育；只有多种知识存在，大众接受高等教育的多样性、个体性才有可能；也只有大众建立起了以尊重个性为核心的价值观念体系，才能把以人为本、人的全面发展，作为高等教育活动的最高目标的文化价值观。显而易见，高等教育的真正转型就发生在价值观的层面上，崇尚知识的实体价值，大学生的自主性得到充分发挥，市场组织作用应充分利用的时候，高等教育才能更好地走向大众、走向个人、走向个性，变成个体的一种生活方式，成为现代社会的一种基本形式，其教育的个性化、个性的张扬，是个性平等主义的理想和个体潜能充分实现的最高理想。

3. 高等教育自身体系的不断完善，为个性的张扬提供了舞台

高等教育大众化要求空前地扩展高等教育的规模，设置多样化的高等教育机构，满足各式各样的消费者的要求。于是，高等教育学生多了，学校多样了，学制多样了，课程多样了，教师多样了，学生毕业的资格也多样了。高等教育自身体系的不断完善，为个体发现自己的潜能提供了机会，一旦个体可以根据自己的爱好、兴趣充分地选择课程，就可以避免很大的盲目性和强制性，就能够比较快地找到自己的发展潜力所在。个体就必然

开始有意识地设计自我，按照一种理想的人格来充实自己和展现自己，并不断完善自己的人格设计，推动自己的人格不断完善。同时，个体在适应多种知识的要求过程中了解多种知识的价值，各种知识的价值的存在又为个性潜能的发展提供了观照的依据，也为个性潜能的实现提供了机会。在高等教育大众化时代，高等教育对各种知识存在着包容性和开放性，为种种知识的发展提供了场所。各种知识的平行发展，体现了多元的文化价值观，体现了文化消费时代对各种有用知识的需求，也为知识的创新提供了一个更宽松的环境。多种知识的存在，个性的张扬，与知识创新共舞，形成了大众化高等教育升华的大舞台。

当前，我国的高等教育从毛入学率来看早已经进入了大众化教育阶段，但是从社会物质生活水平看，高等教育大众化体制还处在构建之中，以尊重个性、给个性以平等发展的机会的价值观还远没有形成。

（三）高等教育的入口与物质生活状态密切相关

高等教育大众化的过程就是将人类改造自然的内容引进高等教育殿堂的过程，体现了人类对自身力量的认识发展，体现了一个对自身力量从否认到逐步确认的进化。高等教育大众化把大批受教育者带进高等教育的殿堂，共享一种价值观，用现代化武装人力和物力的作用，共建美好的人类社会。

1. 科学观念走近大众是高等教育大众化的前驱

人类在不断认识世界、改造世界的过程中，认识到科学以它自身的成就向世人展现了其巨大的威力，这就大大地激发了人们对科学知识的渴求，促进了科学知识的普及和扩展，促进了人们对科学文化的信仰和依赖。在这种信仰和依赖的指引下，人们接受了机器大生产，接受了专业分工，接受了科学管理法则，接受了工厂的制度，接受了新的消费模式，形成了新的价值观。整个社会就在这种价值观的激发下行动起来，开始走出自给自足的相互隔离的社会生活状态，走进彼此分工协作的相互关联的新的生活状态。人们的身份也因此发生了根本的变化，人们开始由原来单一性的角色向多样化的角色转变，对社会生活的新法则开始有了新的期盼和设想。人们不再仅单纯要求物质方面的利益，也要求体现自身的价值。这种追求是人们对个性的追求，对民主的追求，是与科学理念相容的，充分地体现出了人们在享受物质福利的同时，也有体现自身精神价值的追求，而能够调和这二者关系的最佳途径是用个体能力的发挥来呈现自我价值。

在人们已经认识到科学是体现人的力量和价值的根本手段的时候，能力至上就成为社会转型的一条基本原则，而人们要获得科学知识进入科学的境界就必须接受高等教育，高等教育就成为科学与个体能力发展之间的桥梁。人们对高等教育功能的认识不断提升，在这座科学的圣殿中不断地吸取营养，科学观念开始不断走进大众，大众对进入高等教育的愿望日益强烈，从而大众就开始逐渐走进高等教育。

2. 高等教育社会化与物质文明的发达与否密切相关

随着物质生活的不断丰富，人们对科学观念的认识和接受也开始不断由浅入深，由偏颇到全面。一方面，人们开始主要看到的是科学力量的物质作用，对科学对个体的作用也主要是从物质层面来考察，还不能从科学对人类生活状态的作用及对个性价值观的作用等角度来考察。另一方面，人们只有在真正成为从事科学活动的主体时，才能真实地体验到科学的精神层面的价值以及它在发展人的个性中的作用。从科学观念与个体改造世界能力的联系贯通上看，个体要求获得科学知识与技术，都只是把科学当成工具，同时也把自己当成工具来接受，属于个体潜能的开发，无法达到个性发展和完善，这个时候的社会生活状态仍是不发达的物质状态，还没能让人们超越物质层次，更没有达到向精神生活转型的阶段。这既局限了大众对科学更进一步的认识，也局限了他们进入高等教育的能力。

大众进入高等教育，是以物质目标追求开始，但必须要以精神追求终结。高等教育大众化是适应社会生产转型而出现的，是人类发展的自我选择，高等教育大众化的物质前提是社会物质生活已相当富足，社会已经为高等教育吸收大众的进入准备了充分的物质条件。可见，进入高等教育的口径始终是与物质生活状态密切相关的，只有社会的物质状态达到了高度发达状态，进入高等教育的口径才会大大拓宽，高等教育才真正开始进入大众化阶段。

二、高等教育大众化对学生管理工作的挑战

高等教育大众化并不仅仅意味着数量的增长，量积累到一定程度必然会引起质变，并相应带来教育观念的改变和教育方式的创新。以前，高等教育的主要矛盾是量的供应不足，人民群众"上学难"是瓶颈制约。而今，70%的高考录取率使上大学不再是遥不可及的梦想，人民群众的要求逐渐由"上大学"提升为"上好大学"，他们对大学的选择性在增加，对优质大学的期待在提高、因此高等教育的主要矛盾势必从量的扩张转向质的提升。作为大学

生管理工作者，还应该意识到社会用人体制环境所面临的根本变化要求高校育人模式做出相应改革。以往精英化的高等教育面临的是计划经济体制，大学生本身数量不多，又统招统配，甚至供不应求；而大众化的高等教育，毕业生数量远远多于精英化阶段，但他们面临的却是竞争日趋激烈的市场经济体制，这对学校、学生甚至全社会都是一个严峻考验。这就要求我们必须紧扣市场脉搏，转变人才培养模式，力求以质取胜，以特取胜，不断增强学校的办学实力、发展潜力、招生吸引力、育人竞争力，否则就难以生存发展。那么，在高等教育大众化的背景下，大学生管理工作面临的问题和挑战主要表现在以下几点。

（一）挑战旧有的人才培养目标

高等教育的大众化走向，打破了精英与平民的界限，将高等教育对象"降格以求"，高等教育在管理模式、招生要求、培养层次、学习年限、毕业资格等诸方面都不同于传统的精英教育。因此，在高教大众化条件下有针对性地做好高等院校的学生工作，必须明确我们人才教育培养的定位和目标。应该认识到，高校之间存在巨大的差异性，具体表现在办学类型、办学规模、办学层次、办学资源等多个方面。高等院校应根据不同的办学层次，在人才培养目标的定位上加强调查研究，按照最优化的原则确定不同专业、不同层次、不同培养途径，形成风格各异的人才培养模式。学生工作必须根据培养目标，有的放矢，在不同质量规格人才的培养上选择教育管理重点，提高教育管理的有效性。

（二）挑战旧有的学生管理理念

长期以来，教育、管理和服务被认为是学生工作的主要职能，但学生工作的创新教育职能却往往未被重视。甚至有人把学生工作等同于行政管理工作，认为学生工作就是保一方平安，不出事就完成任务，所以只有敏感时期才显得重要。学生管理工作者"不求有功，但求无过"，创新意识不足、定位不准、重视不够，难于发挥学生工作创新教育的功能。以教学代替教育的观念导致重教学工作轻学生工作成为普遍现象，而由于学生工作成效很难量化，导致对学生工作的育人功能未能加以充分认识，往往使人们认为学生工作是可有可无，无专业可言。学生工作人员理念不新、人员紧缺、素质不高，难于承担学生工作的创新教育，只局限于一般性的教育和管理工作层面上。没有认识到自身担负着学生素质教育特别是创新教育的重任，尚未对创新教育引起足够的重视。

（三）挑战学生管理工作人员的数量

随着几轮高校的扩招，许多高校辅导员数量离国家的有关规定比例配置有较大距离。学生管理者忙于日常工作，根本没有"充电"的机会，业务水平得不到提高，队伍素质得不到提升。自身对新知识、新科技学习不够，难以担当学生成才的领路人。由于日常事务繁多，不少学生工作人员陷入繁杂的事务当中，一些人又不注重工作总结与创新，对一些沿用的工作方式、内容和范围很少思考和改进，缺乏创新意识和勇气，导致学生工作创新教育形式和载体不多，无法适应创新教育丰富多彩的个性化要求。更严重的是学生管理工作人员数量不足导致对教育对象的漠视，从而难以了解学生的思想动态，无法有针对性地开展工作。由于高校的大幅度扩招，高校的门槛降低了，就生源质量而言，学生个体在知识掌握和能力发展上的客观差异凸显。从生源来源看，统招生、单招生、成教生、民办生并存，呈现出多层次、复杂化格局。此外，从专科生到研究生不同培养层次以及普通高教与高职教育不同的教育类型，客观上都要求对学生的教育管理采取不同措施，因势利导，因材施教，从而增强工作的针对性和有效性。与此同时，在学生思想体系形成中，多元价值观和多元文化的碰撞、冲突，又往往使成长中的学生的思想认知和行为判断产生迷茫甚至危机。少量媒体对各种思想的片面渲染和误导、少数家庭的缺陷、地区差异带来的教育发展的不平衡，以及高考制度改革，使大学生群体的社会构成渐趋复杂，素质状况呈现多层次性，凡此种种都需要大学生管理者去了解。

（四）挑战旧有的管理模式

中国传统的教育体系中，"精英教育""应试教育"一直位居主角，管理模式以包办为主，这意味着管理行为的直接性和手段方式方法的强制性，主要表现为对学生思想和行为的"硬约束"，对学生的态度是"管你没商量"。学生教育管理的规章制度繁杂细腻，在投入大量的人力、物力和财力的同时，忽视了学生参与管理的积极性，降低了学生自我管理的主动性，使学生难以实现由衷的思想转变和形成良好的自我约束机制。更应该值得注意的是，这样的管理方式还在一定程度上束缚了大学生的个性，抑制了学生的思维发展。应该说，高校学生工作在长期的实践中积累了许多丰富的经验，并形成了许多行之有效的途径和方法，如思想教育实施方法中注重说理教育、情感感化、正面灌输、典型示范等。这些传统教育模式主要依靠行政指令性手段，易于操作，有较高的工作效率和教育效果，在思想政治教育过程中，一定程度上仍具有一定的有效性。随着高等教育的大众化，原有的办学理念、工作方法亦随之发生了变化，而原有的思想教育方法则易给人以严厉教化、刻板生硬的感觉和印象。其部分内容亦存在着与社会发展要求、与学生思想实际脱节的矛盾，无法满足培养多样化、个性化人才的需要，不能适应学分制的教育管理改革，容易导致理论说教和行为虚化。目前，一般院校逐步推行选课制、学分制、弹性学制，学生对学习时间安排、学习方式，甚至学习课程、授课内容等都具有一定的自主性和选择性，同时，伴随着高校后勤社会化改革的进一步深入，学生的思想、学习、生活等方面出现了众多的新情况、新问题，在学生工作管理模式上应体现更加灵活和务实的态度。

三、教育大众化背景下大学生管理工作的创新

（一）实现学生管理的专业化

实现学生管理的专业化是创新学生管理工作的重要途径。随着在校大学生数量的逐步增多，大学生管理工作也正在不断得到改革和完善，管理正逐步走向专业化。

1. 大学生管理理论发展的专业化

美国高等教育中的学生事务工作理论、职能相对完善，其理论基础一直坚持走专业化发展道路。从理论发展沿革来看，美国高校学生事务工作最早的理论基础是英国传统的"替代父母制"。进入 20 世纪后，这一理论失去了其指导地位，取而代之的是"学生人事服务"。在 60 年代末、70 年代初美国动荡复杂的社会背景下，"学生发展理论"应运而生。学生发展理论不仅讨论一般的心理发展问题，而且讨论认知和智力的发展、情感和态度的发展、伦理和道德的发展及具体行为的发展，诸如职业选择、饮食习惯等问题。艾里克森、皮亚杰、柯尔伯格等人都对学生发展的过程、特征等有过系统的关注和研究，这些研究成果不论是对指导学生事务工作，还是对学生事务管理与学术教学的关系，进而确立学生事务管理的地位，都

有十分重要的意义。20 世纪 80 年代以来，美国高校学生发展理论还逐渐出现"专业化"发展的趋势。后来，咨询和人格理论、人类生态学或环境理论以及组织与管理理论在学生事务管理实践中也得到应用。

任何实践活动都离不开理论的指导，美国高校学生事务管理正因为拥有丰厚的管理理论基础，从"替代父母制"到"学生人事服务"再到"学生发展理论"，以比较切合实际的发展理论来指导学生管理工作实践，才取得较大的成功。而目前我国高校从事学生管理工作的人员大多是非专业人员，很少有人经过专业的、系统的学习和训练，在管理学、心理学和教育学等方面的理论相对缺乏，有关学生工作的研究也是多经验、少理论；重思辨、轻实证，缺乏专业化的理论体系来支撑。要切实提高学生管理工作的科学性和有效性，就必须发展专业化的学生管理理论。这就要求做到以下几点。

第一，对学科资源进行整合，坚持理论创新。要全面整合心理学、管理学、教育学、成才学等相关大学生心理发展、人格健全、职业取向、管理资源等理论，逐渐探索出适合我国学生管理实践的学生发展理论，并在实践中不断完善。第二，学生管理工作者既要关注理论前沿，加强个人理论学习，又要运用理论指导实践，将理论与实践有机结合起来。第三，吸收一些教育学、管理学专业毕业的人员到学生工作队伍中来，并鼓励在职工作者继续深造，进行系统地学习，提高学生管理队伍的整体素质。

2. 实现学生网上综合管理，实行科学化管理

目前高校大多建立了办公网站，教务部门也都有专门的管理系统，利用计算机网络来管理口常教学工作。大学生管理工作也应当建立网上综合管理系统，把学生学籍信息、学习成绩、奖惩信息、在校表现鉴定、党团组织关系、学生在校综合表现鉴定等内容纳入到一个系统中，进行统一管理。在信息化时代，高校需要建立这样一个实用的管理系统来统计和分析各种数据，规范和强化学生管理，这将会大大提升高校的管理水平，优化资源，尽可能地降低成本，实现效益最大化。

（二）建立学生职业化培训机制

中华人民共和国教育部于 2022 年 11 月发布《教育部关于做好 2023 届全国普通高校毕业生就业创业工作的通知》（以下简称《通知》），指出"党的二十大明确指出，人才是第一资源，实施就业优先战略，强化就业优先政策，健全就业促进机制，促进高质量充分就业。高校毕业生是国家宝贵的人才资源，是促进就业的重要群体。"目前，如何提高高校毕业生就业率已经成为高校特别是大学生管理工作的首要问题。近年来，我国大学生就业工作任务更为艰巨，就业形势不容乐观。对高校而言，就业率的高低将直接关系到学校的招生和未来发展，影响学校的声誉。

1．开设职业生涯规划课程

职业生涯规划是大学生人生发展教育的重要其目的就是要帮助大学生正确认识自我，了解社会，确定个人的职业目标，制定符合自身特点的职业生涯计划，并通过实践、评估和修正，使职业生涯设计和企业发展目标以及企业职位设计相匹配，从根本上提高就业竞争力和职业发展能力。符合学生自身特色的职业生涯规划将引导学生有计划地学习专业知识，有选择地学习其他学科领域知识；间接培养学生创新创业能力，增加学生对就业的信心，提高学生的就业能力，使学生具有创业的心智。高校应当对每一名学生的性格和特长进行客观分析，帮助学生认识自己的优点和不足，给学生提供职业方向的信息和建议，指导学生学习和职业生涯的取向。

2．开展专业化就业指导培训

《通知》指出，"全面加强就业指导。高校要健全完善分阶段、全覆盖的大学生生涯规划与就业指导体系，确保有需要的学生都能获得有效的就业指导。要进一步完善就业创业指导课程标准，打造一批就业指导名师、优秀就业指导课程和教材。充分利用'互联网＋就业指导'公益直播课等各类资源，提升就业创业指导课程质量和实效。要通过校企供需对接、职业规划竞赛、简历撰写指导、面试求职培训、一对一咨询等多种形式，为学生提供个性化就业指导和服务。要打造校内外互补、专兼结合的就业指导教师队伍，鼓励用人单位、行业组织更多参与高校生涯教育和就业指导。"高校应通过开设职业生涯规划课、就业指导课程和面试技巧指导、开展心理测试和举办模拟面试等形式对大学生进行多层次的职业规划教育，开展有针对性教学，使全体学生能在毕业前接受系统、专业的就业教育，使大学生进校就有明确的奋斗目标，有计划地完成学业，既有扎实的理论功底，又有从业的思想准备和实践技能，以充分的准备来应对口趋激烈的就业竞争与挑战。

在就业指导方面，高校一是要运用现代信息技术提升就业服务质量。

充分利用计算机网络实现毕业生就业管理与服务的自动化，建立就业信息库，提高信息的准确度和规范性；发挥好毕业生与用人单位之间的纽带作用，创新面试形式，例如采用网上面试等形式，增加就业机会。二是提供个性化的就业指导。面对就业，很多毕业生只考虑"想从事什么职业""工资是多少"，却很少用"我能干什么"的眼光来审视自己。个性化的就业指导可以帮助大学生对自己进行客观评估和正确定位，通过职业能力、职业倾向、职业适应性测量，帮助学生树立正确的择业观，发挥优势，立足择业技巧指导。面临就业选择的毕业生，由于社会阅历浅，在面试过程中，往往比较拘谨，甚至手足失措，从而错失良机。适当地对其进行技巧指导，帮助毕业生掌握资料准备、推销自己、文明礼貌、语言交流的方法，以提高就业能力。

当然，大学生就业问题是国家、社会和学校各个方面通力合作的问题，不是单靠学校就能解决的，高校只能是从学校教育角度对大学生进行指导，提高毕业生择业能力，配合国家、社会做好大学毕业生就业工作。

参 考 文 献

[1] 王文婷. 高校学生事务管理理论与实践探究[M]. 北京：中国纺织出版社，2018.

[2] 严淑华，郭林锋. 大学生情绪管理与思想政治教育[M]. 北京：冶金工业出版社，2022.

[3] 童文胜. 高校学生事务管理工作典型案例评析[M]. 武汉：华中科技大学出版社，2017.

[4] 陈强. 国际学生教育管理实务[M]. 天津：天津大学出版社，2015.

[5] 郑航. 班级管理与学生指导[M]. 北京：北京师范大学出版社，2011.

[6] 刘云. 创新型人才培养与成长研究报告[M]. 北京：科学出版社，2016.

[7] 陈强. 国际学生教育管理实务[M]. 天津：天津大学出版社，2015.

[8] 郑航. 班级管理与学生指导[M]. 北京：北京师范大学出版社，2011.

[9] 盖晓芬.现代高等职业院校学生管理模式[M].杭州:浙江大学出版社，2010.

[10] 李正军. 高校学生管理工作概论[M]. 保定：河北大学出版社，2002

[11] 张书明. 社会工作视野下的大学生事务管理[M]. 济南：山东大学出版社，2007.

[12] 蔡国春. 中美高校学生事务管理模式比较研究[M]. 青岛：青岛海洋大学出版社，2007.

[13] 国家教委学生司. 高校学生管理研究与实践[M]. 北京：北京师范大学出版社，1992.

[14] 蒋国勇. 大学生自主管理研究[M]. 北京：华龄出版社，2007.

[15] 陈立民. 高校辅导员理论与实务[M]. 北京：中国言实出版社，2006.

[16] 蔡国春. 中美高校学生事务管理模式比较研究[M]. 青岛：青岛海洋大学出版社，2007.

[17] 冯刚，赵锋. 走进英国高校学生事务管理[M]. 中国人民大学出版社，2008.

[18] 吴穹，许开立. 安全管理学[M]. 北京：煤炭工业出版社，2002.

[19] 毛海峰. 现代安全管理理论与务实[M]. 北京：首都经济贸易大学出

版社，2000.

[20] 孙洪昌等. 大学生安全教育读本[M]. 桂林：广西师范大学出版社，2002.

[21] 萧宗六. 学校管理学[M]. 北京：人民教育出版社，2005.

[22] 李文利. 从稀缺走向充足——高等教育的需求与供给研究[M]. 北京：教育科学出版社，2008.

[23] 张民选. 理想与抉择——大学生资助政策的国际比较[M]. 北京：人民教育出版社，1997.

[24] 吴庆. 公平述求与贫困治理——中国城市贫困大学生群体现状与社会救助政策[M]. 北京：社会科学文献出版社，2005.

[25] 罗开元. 大学生就业简论[M]. 北京：中国人民公安大学出版社，2003.

[26] 杨加陆，方青云. 管理创新[M]. 上海：复旦大学出版社，2003.

[27] 张正钊. 行政法与行政诉讼法[M]. 北京：中国人民大学出版社，1999.

[28] 姜尔岚，吴成国. 新编大学生就业实用指导[M]. 成都：电子科技大学出版社，2004.

[29] 王宏伟. 以人为本的高校学生管理工作探究[J]. 办公室业务，2016（19）：1.

[30] 杨洁，方小玉. 互联网时代高校学生工作的创新与实践[J]. 北京邮电大学学报，2010（2）：4.